Gordon Ramsay Paixão pelo Sabor

Gordon Ramsay

Paixão pelo Sabor

Com Roz Denny   Prefácio de Guy Savoy   Fotografia de Geoff Lung

LAROUSSE

Dedicado a uma pessoa especial:
minha mãe, Helen.
Obrigado.

Título original: Passion for Flavour,
Grã-Bretanha,1996, Conran, divisão do
Octopus Publishing Group Ltd 2-4 Heron
Quays, Docklands, London E14 4JP

Edição brasileira

Diretor editorial
Fábio Godinho

Gerente editorial
Solange Monaco

Editora
Andréa Cozzolino

Assistente editorial
Denise Alexandrini

Tradução
Carolina Mesquita
e Sheime Pereira Denadai

Preparação de texto e Revisão
Véra Regina Maselli

Projeto Gráfico
e Diagramação
Celso Imperatrice

Fotografia
Geoff Lung

Foto de capa
Georgia Glynn Smith

Produção gráfica
Marcelo Almeida

1ª edição brasileira: 2008
1ª reimpressão: 2009

Direitos de edição em língua
portuguesa, para o Brasil,
adquiridos por Larousse
do Brasil Participações Ltda.
Av. Profa. Ida Kolb, 551 – 3° andar
São Paulo – SP – CEP 02518-000
Telefone: (11) 3855-2290
Fax: (11) 3855-2280
E-mail: info@larousse.com.br
www.larousse.com.br

Dados Internacionais de Catalogação na Publicação (CIP)
(Câmara Brasileira do Livro, SP, Brasil)

Ramsay, Gordon
Paixão pelo sabor / Gordon Ramsay ; texto em associação Roz Denny ; prefácio de Guy Savoy ; fotografia de Geoff Lung ; [tradução Carolina Mesquita e Sheime Pereira Denaide]. – São Paulo : Larousse do Brasil, 2008.

Título original: Passion for flavour.
ISBN 978-85-7635-289-1

1. Culinária I. Denny, Roz. II. Savoy, Guy.
III. Lung, Geoff. IV. Título.

08-02660 CDD-641.5

Índices para catálogo sistemático:
1. Receitas culinárias : Economia doméstica
641.5

Sumário

Prefácio

Gordon Ramsay é um chef apaixonado; então foi inevitável que nos déssemos bem. Desde o primeiro dia em que entrou na minha cozinha, fiquei fascinado por sua vitalidade e personalidade. Logo desenvolvemos um rapport – um entendimento que gerou resultados inesperados: por exemplo, eu o ensinei a segurar a faca, agora ele me pede para pegar uma caneta!

Gordon é um chef em sintonia com seu tempo. Ele tanto entende quanto usa os princípios que derivam da culinária moderna, mas adiciona mais do que uma pitada de seu próprio talento. É respeitado por seus contemporâneos por seu dom para lidar com gostos e sabores, e tem seguidores fiéis, o que, na minha opinião, é a recompensa mais lisonjeira para qualquer cozinheiro.

Um grande chef não precisa criar pratos pesados para acentuar os sabores. Fico satisfeito por seu livro refletir boa parte do que alcançou durante o tempo que passou comigo na Rue Troyon. A atenção de Gordon com os detalhes é exemplar: por exemplo, na guarnição de morango para Crème Brûlée com Ruibarbo Tostado, ele usa um método maravilhoso para secar a fruta que a deixa crocante e acentua seu sabor. São pequenas descobertas como essa que podem transformar um prato comum em espetacular, e um chef competente em um gênio.

Introdução

Eu não cresci em ambiente de culinária. Eu não descascava feijão nos joelhos da vovó, não colhia cogumelos na floresta, nem corria atrás de galinhas na fazenda. Minha ambição era jogar futebol no Glasgow Rangers, o que comecei a fazer no final da adolescência.

Mas nasci com um forte desejo de buscar pela perfeição, de ser o melhor na minha área e continuar a me transportar para frente e para cima. O futebol não satisfez esse lado da minha natureza ambiciosa e, como distração temporária, me vi trabalhando em catering. Uma breve experiência de trabalho com banquetes, fazendo comida para até trezentas pessoas de uma vez, também não satisfez minha sede; mas quando entrei pela porta de uma pequena cozinha intensamente pessoal no sudoeste de Londres, onde a qualidade da comida reinava absoluta, soube que havia encontrado meu chamado definitivo. Tive um sentimento crescente de confiança em minhas habilidades.

Meus dois anos trabalhando para Marco Pierre White no Harvey's marcaram o início de meus anos de formação como cozinheiro. Tive um grande sentimento de liberdade. Ali estava uma área em que eu podia me expressar, em que podia abrir completamente a minha cabeça e em que podia chegar à excelência. Quanto mais eu aprendia, mais queria descobrir. Marco não deixava passar nada; seu toque pessoal estava por toda parte. Ele não permitia que nenhum prato saísse de sua cozinha até que tivesse recebido sua aprovação. Era um estilo que eu admirava e queria aprender.

Segui para o Le Gavroche em Mayfair, uma cozinha maior com equipe mais cosmopolitana. Minha permanência lá foi frutífera, mas minha obsessão pela perfeição me fez procurar a França; e eu sabia que teria que experimentar trabalhar lá – desde o início. Naquela época, poucos cozinheiros ingleses iam trabalhar na França. Eu era o único na cozinha de Guy Savoy; e em seguida fui trabalhar com Joel Robuchon – completamente imerso na cultura e no ambiente de trabalho. Era a única maneira de aprender, e eu absorvi tudo, testemunhando diretamente a profundidade do entusiasmo e o amor pela boa comida dos franceses.

Os franceses crescem com um respeito inato pela boa comida. Um francês compra pão duas vezes ao dia, enquanto um inglês compra duas vezes por semana. Os açougueiros franceses cortam a carne na presença do cliente. Comprar comida é tão pessoal! Caminhando pelo Mercado da Bastilha, escolhendo cogumelos, ou espetando linguados, desenvolvi um entendimento sobre o respeito francês pela comida e a profundidade do seu conhecimento sobre comida. Para mim, era fenomenal! O repertório francês é muito maior que o nosso e continua a crescer.

Fui então para as cozinhas de Guy Savoy, onde passei vários meses ao lado do jovem e talentoso chef pâtissier Philippe Chapon. Foi outra curva de aprendizado: percebi que o bom gosto e a perfeição transcendem fronteiras e que minha busca pela perfeição poderia ser satisfeita nas formas de pura arte que eram dadas àqueles pratos de sobremesa.

No restaurante Aubergine, evoluímos muito em um curto período de tempo. Ganhamos nossa primeira estrela Michelin onze meses após a inauguração, seguida de prêmios de Melhor Restaurante do Ano, Melhor Novo Chef e assim por diante. Mas o que me deu maior satisfação foi estar com a casa completamente lotada com um mês de antecedência. Isso fala mais alto do que os prêmios. Tenho plena consciência de que um chef é apenas tão bom quanto a última refeição que serve. O conselho de despedida de Guy Savoy foi para que eu fosse uma estrela em minha própria cozinha e em nenhum outro lugar. É um conselho que soa verdadeiro.

Eu cresci rapidamente. A sorte tem me dado oportunidades que poucos outros jovens cozinheiros encontraram. Esse crescimento me trouxe confiança; e sinto minha criatividade expandindo, evoluindo e se tornando mais refinada. Se tivesse que classificar os aspectos importantes do meu estilo, colocaria o sabor bem à frente. O sabor que vem da habilidade e das técnicas, não de ingredientes "mágicos" ou artificiais. Nada entra na minha cozinha sem antes ser rigorosamente inspecionado por meus chefs sêniores. Tudo tem que ser do melhor, e meus fornecedores sabem disso. A intensidade do sabor da nossa comida deriva de compras cuidadosas. O sabor de nossos molhos é alcançado com redução, retirada de espuma e ainda mais redução – mas não ao ponto de ficarem pesados ou enjoativos. Os sabores individuais devem permanecer separados e leves.

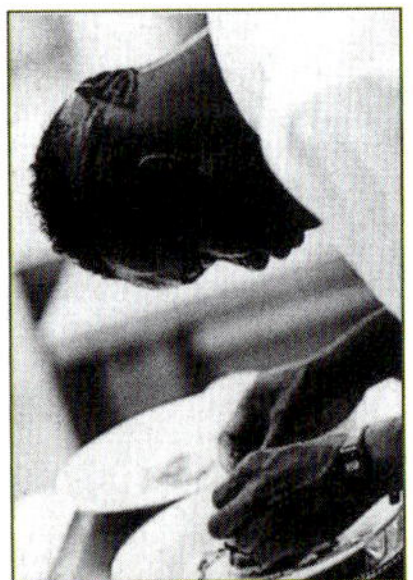
Freddie

Angela

Mark

Dominique

Gosto de dar valor aos meus clientes, mas um valor de qualidade, e não de quantidade. Não quero que consumam três pratos e se retirem para a cama sem conseguir se mexer. Tento restringir o número de pessoas por mesa no restaurante – não mais que seis pessoas por vez, de maneira que o controle da qualidade seja mantido.

Sinto que meu alicerce sempre será minha pequena cozinha, com sua equipe bem treinada e entusiasmada, pessoas que dividem as mesmas ideias e lutam, por elas, totalmente imersas na produção de suprema perfeição. É um pouco assustador perceber que quando colocam suas carreiras em minhas mãos elas também estão adiando suas vidas. Uma vez que trabalhamos por horas extremas na cozinha do restaurante, isso mostra grande determinação e força de personalidade, e sou grato a elas por essa confiança.

USANDO ESTE LIVRO

Presumo que aqueles que comprarem este livro para experimentar as receitas tenham a habilidade de um entusiasta. Não é um livro para cozinheiros principiantes. Destina-se àqueles que consideram cozinhar um prazer e querem aperfeiçoar suas habilidades e compartilhar minhas ideias.

A maioria das receitas é composta de muitos elementos, espelhando a maneira como cozinhamos na cozinha do restaurante; então, leia as receitas cuidadosamente com antecedência, e prepare seu próprio *mise en place*. Por exemplo, você precisa de caldo para o velouté, ou de confit para guarnecer? Os elementos básicos são fáceis de preparar com antecedência e depois guardar no refrigerador. Como, para maximizar o sabor, todos os meus pratos são montados na hora, imediatamente antes de servir, sugiro que você faça o mesmo, experimentando em cada estágio.

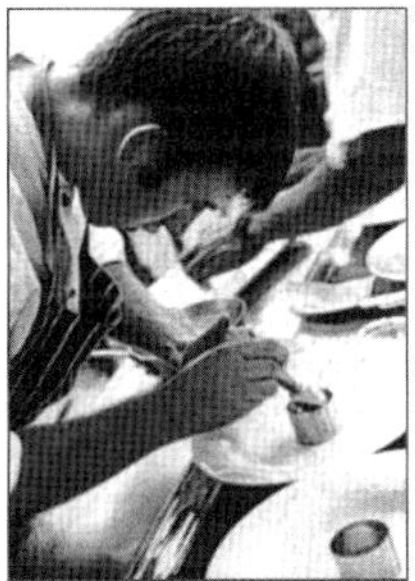
Ian

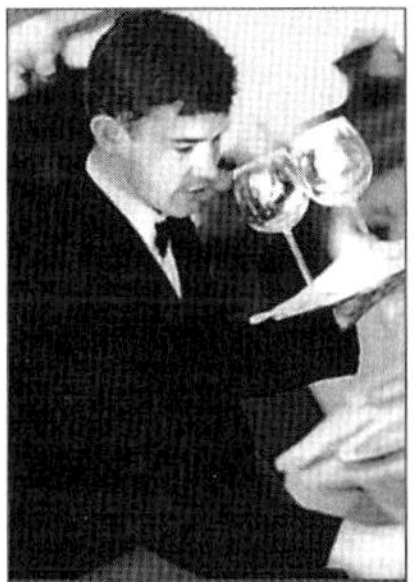
Thierry

Jean-Claude

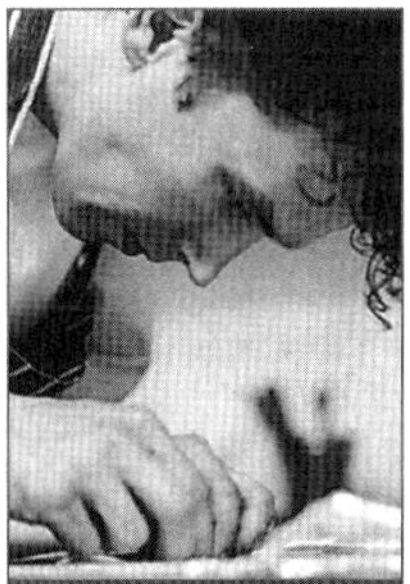
Damien

Você também pode achar proveitoso ler o Glossário (página 188) para se familiarizar com alguns dos termos que usamos na cozinha do restaurante – por exemplo, "tostar", que significa expor a calor intenso na parte superior do fogão, para dourar e caramelizar carne, peixe ou outros alimentos.

Para ter garantia de sucesso sugiro que localize açougueiros, peixeiros e verdureiros de primeira qualidade, e estabeleça um *rapport* com eles. Eles podem ficar mais dispostos a estocar ingredientes pouco comuns se souberem que você irá usá-los. Lembre-se: o início de uma corrente de sabores finos está em seus fornecedores e seus ingredientes.

Pedras Fundamentais

O período mais importante na nossa cozinha é das 7 às 11 horas da manhã. É o momento do mise en place, quando fazemos boa parte do nosso trabalho. Uma preparação meticulosa, cuidadosa, e uma boa organização garantem noventa por cento da apresentação de uma refeição excelente. Não importa qual seja o prato, se os fundamentos essenciais da preparação não forem realizados corretamente, então o que vem em seguida é um desperdício de tempo. Não haverá tempo para correções mais tarde.

Muitos dos meus pratos são combinações de elementos essenciais – ou "pedras fundamentais", como prefiro chamá-los. Obviamente, tenho muitos funcionários cuja responsabilidade única é me fornecer esses elementos; mas a maioria deles pode ser preparada com antecedência por uma pessoa em uma cozinha doméstica, e então resfriada ou ocasionalmente congelada, estando pronta para montagem no ponto de fazer acabamento e servir.

Não vou fingir que eles são todos rápidos e fáceis. Há alguns atalhos para o sabor supremo, mas se os passos dados forem seguidos de maneira meticulosa e lógica, fica bem simples atingir resultados excelentes. A maior parte das "pedras fundamentais" apresentadas aqui é usada em minhas receitas, e muitas são bases úteis para se ter à mão quando se quer permitir que sua própria criatividade culinária flua livremente.

Caldos e molhos

PARA UM SABOR PURO E INTENSO, SIMPLESMENTE NADA SUBSTITUI UM CALDO CASEIRO E FRESCO QUANDO SE TRATA DE MOLHOS. O SABOR RICO DO CALDO DEPENDE DE INGREDIENTES FRESCOS E DA PREPARAÇÃO ESPECÍFICA DE UMA BASE – OU SEJA, A TORREFAÇÃO DOS OSSOS E O VAPOR DOS LEGUMES, SEGUIDOS PELA FERVURA LENTA E LONGA PARA EXTRAIR O AROMA NATURAL DOS INGREDIENTES; E, FINALMENTE, A FERVURA, PARA REDUZIR E CONCENTRAR O SABOR. AS REDUÇÕES SÃO MUITO IMPORTANTES PARA OS CALDOS E MOLHOS. EM TODAS AS MINHAS RECEITAS, VOCÊ ENCONTRARÁ INSTRUÇÕES PARA REDUZIR PELA METADE OU EM DOIS TERÇOS – MESMO QUANDO SE TRATA DE UM CALDO QUE JÁ TENHA SIDO REDUZIDO. É ISSO QUE DÁ CORPO E INTENSIDADE DE SABOR A UM MOLHO, E, COMO NENHUM OUTRO INGREDIENTE "MÁGICO" É NECESSÁRIO, É ISSO QUE MANTÉM SUA LEVEZA TAMBÉM NA TEXTURA. O MOLHO NÃO DEVE SER NEM PESADO, NEM ESPESSO, NEM FORMAR UMA CROSTA.

O SEGREDO PARA PREPARAR BONS CALDOS E MOLHOS É A PACIÊNCIA: MESMO UM COMPLETO INICIANTE CONSEGUE FAZÊ-LOS. SE VOCÊ SABE PICAR LEGUMES E CONTROLAR A ALTURA DO FOGO, SERÁ CAPAZ DE FAZER UM BOM CALDO-BASE OU MOLHO. TODOS OS MEUS CALDOS SÃO FEITOS DA MESMA FORMA. SEU PREPARO PODE SER DEMORADO, MAS É FÁCIL. EM CASA, VALE A PENA FAZER UMA QUANTIDADE MAIOR E CONGELAR 500 ML EM DUAS PORÇÕES SEPARADAS DE 1 XÍCARA CADA OU DIVIDI-LOS EM FÔRMAS DE 100 ML. ASSIM, VOCÊ SEMPRE TERÁ À DISPOSIÇÃO SEUS PRÓPRIOS "CUBOS DE CALDO", PRONTOS PARA CRIAR MOLHOS.

1 Uma panela grande, de preferência um caldeirão, com capacidade para no mínimo 12 litros, é essencial. Na falta de um caldeirão, utilize um tacho.

2 Para caldos mais dourados, é preciso inicialmente torrar os ossos ou a carcaça em forno bem quente, virando-os de vez em quando. Isso confere sabor e cor ao caldo. Antes de acrescentar os ossos à panela, toda a sua gordura deve ser retirada. Os caldos leves e os de peixe não exigem esse douramento inicial.

3 Quando o caldo ferver, uma espuma se formará. Trata-se de uma acumulação natural de proteínas e amido de legumes que irá escurecer o caldo, a menos que seja retirada. Por isso, é essencial retirá-la regularmente com uma colher grande e sem furos.

4 Não tempere os caldos com sal. Há sal suficiente nos legumes e, à medida que o caldo espessa, torna-se mais concentrado. Os temperos são geralmente adicionados no fim do processo.

5 Finalmente, quando o caldo estiver pronto, coe em um escorredor de macarrão forrado com um pano de musselina molhado. Como alternativa, pode-se usar um pano de prato velho e limpo. Quando o caldo esfriar, refrigere-o e retire toda a gordura que porventura tenha se formado na superfície.

Caldo de legumes à la nage

UMA DELICIOSA BASE, LEVE E NEUTRA, PARA MUITOS MOLHOS E SOPAS. RÁPIDA E FÁCIL DE FAZER, É IDEAL PARA USO GERAL. EM ALGUNS MOLHOS, MISTURO O CALDO DE LEGUMES À LA NAGE COM OUTROS CALDOS PARA DEIXÁ-LOS MAIS LEVES. PARA OBTER MAIS SABOR, NAO COE OS LEGUMES LOGO APÓS O COZIMENTO. DEIXE-OS IMERSOS NO CALDO POR APROXIMADAMENTE 24 HORAS E SÓ ENTÃO COE.

INGREDIENTES

(rende 1,5 litro)

3 cebolas grosseiramente picadas
1 alho-poró grosseiramente picado
2 talos de aipo grosseiramente picados
6 cenouras grosseiramente picadas
1 cabeça de alho dividida ao meio
1 limão-siciliano cortado em 6 partes
¼ colher (chá) de pimenta-branca em grãos
¼ colher (chá) de pimenta-rosa em grãos
½ folha de louro
4 anises-estrelados
2 litros de água fria
1 ramo de estragão, manjericão, coentro, tomilho, salsa e cerefólio
200 ml de vinho branco seco

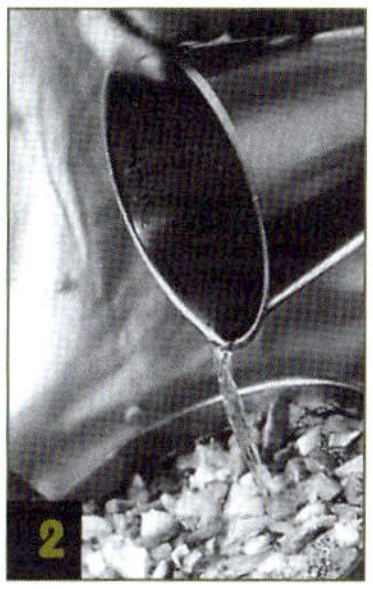

1 Coloque os legumes preparados com o limão, os grãos de pimenta, a folha de louro e os anises-estrelados num caldeirão ou numa caçarola grande.

2 Adicione a água e ferva. Então, ajuste a temperatura e mantenha em fervura lenta por 10 minutos.

3-4 Retire o caldo do fogo. Acrescente as ervas frescas e o vinho branco. Empurre as ervas para que todas fiquem submersas. Reserve, então, o caldo para que esfrie e para que as ervas possam desprender seus sabores.

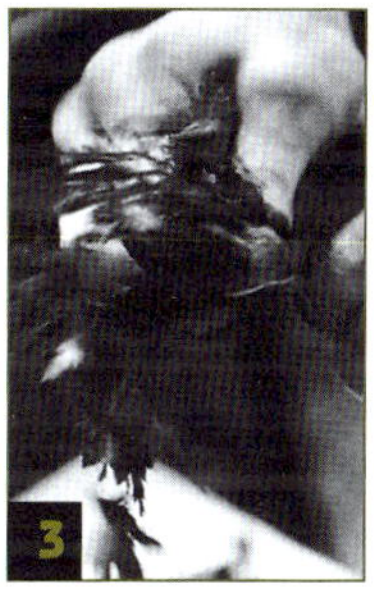

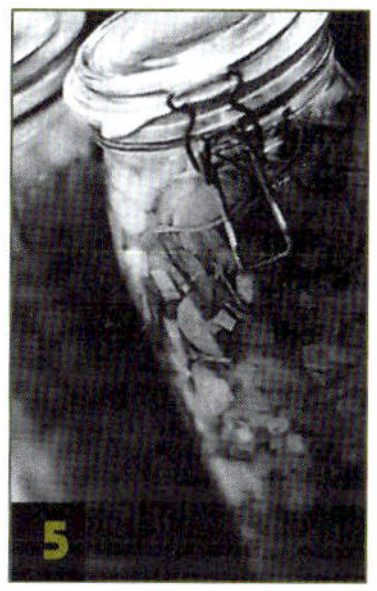

5 Depois de frio, coloque o caldo em potes e leve-os à geladeira. Deixe que o processo de imersão continue por mais ou menos 24 horas.

6 Coe o caldo num escorredor de macarrão forrado com um pedaço de musselina sobre uma tigela grande. Descarte os legumes, as ervas e os temperos. O caldo já está pronto para ser usado. Refrigere-o ou congele-o para ser utilizado posteriormente.

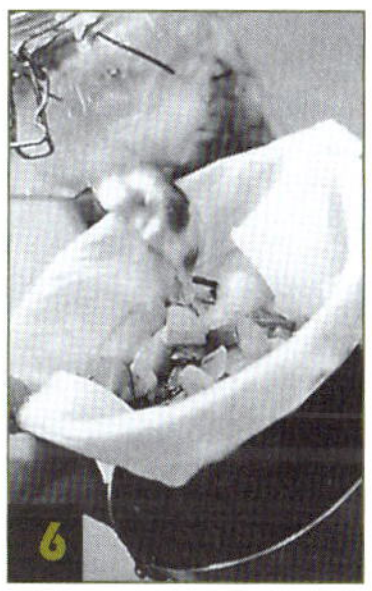

ARMAZENAMENTO

O CALDO DE LEGUMES À LA NAGE DURA ATÉ 3 DIAS NUM RECIPIENTE FECHADO NA GELADEIRA, OU DE 2 A 3 MESES NO FREEZER. O IDEAL É CONGELÁ-LO EM PORÇÕES INDIVIDUAIS DE 500 E 100 ml.

Se você sabe picar legumes e controlar a altura do fogo, será capaz de fazer um bom caldo-base ou molho.

Caldo de peixe

SE POSSÍVEL, USE ESPINHAS DE LINGUADO NOS CALDOS – SÃO AS MELHORES. AS DE OUTROS PEIXES PODEM SER MUITO OLEOSAS OU TER O SABOR MUITO FORTE. AS DE MERLÚCIO OU DE HADOQUE (PEIXES SEMELHANTES AO BACALHAU) TAMBÉM SERVEM. RETIRE OS OLHOS E AS GUELRAS E VERIFIQUE SE NÃO HÁ NENHUM RESQUÍCIO DE SANGUE. CASO VOCÊ NÃO CONSIGA ESPINHAS SUFICIENTES, PODE USAR PEDAÇOS DO RABO DO PEIXE.

INGREDIENTES

(rende aproximadamente 2 litros)

1 alho-poró pequeno cortado em fatias finas
1 cebola pequena picada
1 talo de aipo picado
½ bulbo de erva-doce picado
2 dentes de alho descascados
100 ml de azeite de oliva
1,5 kg de espinhas de peixe grosseiramente cortadas
300 ml de vinho branco seco
2 litros de água fria
2 ramos de salsa e tomilho
½ limão-siciliano em rodelas
¼ colher (chá) de pimenta-branca em grãos

1 Em um caldeirão tampado ou uma caçarola grande, deixe suar os legumes no óleo em fogo médio por aproximadamente 7 minutos, até que estejam macios e branqueados.
2 Acrescente as espinhas de peixe e o vinho, e cozinhe até o vinho evaporar.
3 Adicione a água em quantidade suficiente para apenas cobrir as espinhas. Deixe levantar fervura e, com uma concha, retire a espuma da superfície.
4 Quando toda a espuma tiver sido removida, acrescente as ervas frescas, as rodelas de limão e os grãos de pimenta, e ferva por aproximadamente 20 minutos. Retire do fogo e deixe descansar por mais ou menos 10 minutos para que o líquido possa clarear.
5 Coe o caldo, despejando o conteúdo da panela em um escorredor de macarrão forrado com um pano de musselina sobre uma tigela grande ou um recipiente para alimentos. Esfrie o caldo coado e, então, refrigere-o ou congele-o para ser utilizado posteriormente.

ARMAZENAMENTO
O CALDO DURA ATÉ 7 DIAS EM UM RECIPIENTE FECHADO NA GELADEIRA, DESDE QUE SEJA FERVIDO DURANTE ALGUNS MINUTOS A CADA 3 OU 4 DIAS. TAMBÉM PODE SER CONGELADO – EM PORÇÕES INDIVIDUAIS DO TAMANHO DESEJADO – POR ATÉ 2 MESES.

Velouté de peixe

A CONSISTÊNCIA LEVE DESSE MOLHO CHEIO DE SABOR VEM DO CALDO BEM ENCORPADO E DO CREME. O MOLHO PODE SER FEITO COM ANTECEDÊNCIA E ARMAZENADO NA GELADEIRA POR ALGUNS DIAS ATÉ O MOMENTO DE SUA UTILIZAÇÃO.

INGREDIENTES

(rende aproximadamente 450 ml)

4 echalotes cortadas em fatias finas
15 g de manteiga
250 ml de vinho branco seco
250 ml de Noilly Prat ou vermute seco
500 ml de caldo de peixe (acima)
250 ml de creme de leite
250 ml de creme de leite com teor reduzido de gordura

1 Numa panela larga e rasa, salteie levemente as echalotes na manteiga durante aproximadamente 12 minutos até que estejam bem macias, mas ainda sem cor.
2 Retire a panela do fogo e adicione o vinho e o Noilly Prat ou vermute. Ferva o líquido por mais ou menos 10 minutos, ou até que o molho esteja reduzido à consistência de um xarope ralo.
3 Acrescente o caldo de peixe. Ferva o líquido e continue a engrossar, até reduzir pela metade.
4 Misture os dois cremes e deixe levantar fervura novamente. Deixe o molho encorpar durante aproximadamente 15 minutos ou até que ele adquira uma consistência aveludada.
5 Para uma textura mais uniforme e aveludada, coe o molho em um coador fino.

Caldo de lagostim

ESTE CALDO FORMA A BASE DE UMA DE MINHAS RECEITAS FAVORITAS: A ESPUMA DE LENTILHA COM LAGOSTIM (PÁGINA 35). É UM CALDO MUITO VERSÁTIL, QUE PODE SER REDUZIDO PARA FAZER UM MOLHO ARREBATADOR POR SI SÓ, IDEAL PARA SERVIR COM RAVIÓLI, E QUE TAMBÉM PODE SER MAIS REDUZIDO E USADO COMO BASE PARA UM VINAGRETE. ASSIM, SERÁ UM MOLHO MEMORÁVEL PARA QUALQUER SALADA QUE CONTENHA PEIXES DE ÁGUA SALGADA OU CRUSTÁCEOS. LEMBRE-SE: EM VEZ DE JOGAR FORA AS CABEÇAS DOS LAGOSTINS DEPOIS DE DESCASCÁ-LOS, RESERVE-AS PARA FAZER ESTE CALDO. CARCAÇAS DE LAGOSTAS, CORTADAS EM PEDAÇOS DE 5 cm, PODEM TER O MESMO USO, COM BONS RESULTADOS.

INGREDIENTES

(rende aproximadamente 1 litro)

100 ml de azeite de oliva
24 cabeças, ou cabeças e cascas de lagostim, pesando aproximadamente 500 g
2 cenouras pequenas picadas
1 cebola picada
1 talo de aipo picado
2 dentes de alho com casca
1 bulbo pequeno de erva-doce picado
2 tomates frescos picados
2 colheres de sopa de conhaque
200 ml de vinho branco seco
500 ml de Caldo de Peixe (página 14)
500 ml de água fria
1 ramo grande de: estragão, manjericão, tomilho e coentro
½ folha de louro
2 anises-estrelados
¼ colher de chá de pimenta-branca em grãos
¼ colher de chá de pimenta-do-reino em grãos
¼ colher de chá de sementes de coentro
sal marinho (opcional)

1 Aqueça uma assadeira na chama do fogão e acrescente metade do azeite. Quando estiver quente, salteie as cabeças e cascas de lagostim, se as estiver usando, agitando a assadeira e virando as cabeças de vez em quando até que fiquem douradas.

2 Em outra panela grande, aqueça o restante do azeite e acrescente todos os vegetais, salteando até que comecem a caramelizar e adquiram uma cor dourada. Acrescente as cabeças de lagostim sautées.

3 Deglace com conhaque, e então acrescente o vinho e ferva até reduzir pela metade. Acrescente o Caldo de Peixe, a água, as ervas frescas e os condimentos. Ferva o caldo em fogo brando por 20 minutos, aproximadamente, para reduzi-lo em um terço e retirar o sabor de cru.

4 Coe o líquido com uma peneira forrada com musselina. Ele está pronto para ser usado em caldos, que podem ser outra vez reduzidos levemente para obter um pouco mais de concentração de sabor e para fazer um molho delicioso. Verifique o tempero imediatamente antes do uso.

ARMAZENAMENTO

O CALDO E O MOLHO PODEM PERMANECER NA GELADEIRA POR ATÉ 2 DIAS, OU NO FREEZER POR ATÉ 2 MESES.

Court-bouillon

UM CALDO LEVE E AROMÁTICO DE VEGETAIS, ERVAS E VINHO BRANCO, ESTE COURT-BOUILLON É USADO PARA COZINHAR PEIXES, CARANGUEJOS E MUITOS OUTROS CRUSTÁCEOS. DEPOIS DE USADO UMA VEZ PARA COZIMENTO, ELE PODE SER CONGELADO E REUTILIZADO MAIS UMA OU DUAS VEZES ANTES DE SER DESCARTADO.

1 Coloque os vegetais e as ervas frescas em um caldeirão ou em uma caçarola grande. Acrescente água suficiente apenas para cobrir os ingredientes. Deixe a água ferver.

2 Acrescente os grãos de pimenta, o sal, as fatias de limão, os anises-estrelados e o vinho. Espere o líquido ferver novamente, e deixe ferver em fogo brando por aproximadamente 30 minutos.

3 Coe o caldo, passando o conteúdo da panela por um escorredor forrado com musselina, apoiado sobre uma tigela ou recipiente grande. Descarte os vegetais, as ervas, os condimentos e o limão. O court-bouillon está pronto para o uso. Se preferir, resfrie ou congele para uso posterior.

ARMAZENAMENTO
O COURT-BOUILLON PODE SER MANTIDO POR 2 A 3 DIAS EM RECIPIENTE FECHADO NA GELADEIRA, OU POR 2 A 3 MESES NO FREEZER.

INGREDIENTES

(rende 1,5 litro)

4 alhos-porós grosseiramente picados
4 cenouras grosseiramente picadas
2 talos de aipo grosseiramente picados
4 cebolas grosseiramente picadas
6 echalotes grosseiramente picadas
2 bulbos de erva-doce grosseiramente picados
6 dentes de alho com casca
1 ramo grande de: tomilho, estragão, manjericão e salsa
2 litros de água fria
¼ colher de chá de pimenta-branca em grãos
25 g de sal-gema
2 limões fatiados
4 anises-estrelados
400 ml de vinho branco seco

Caldo de vitela

BASE PARA MUITOS DOS MEUS MOLHOS, O CALDO DE VITELA É RICO, ENCORPADO, E TEM UMA COR ATRAENTE. OS OSSOS DE VITELA SÃO MELHORES PARA ESTE CALDO POR CAUSA DE SUA GELATINA E DE SEU SABOR REFINADO; MAS OSSOS BOVINOS TAMBÉM PODEM SER USADOS. MUITOS AÇOUGUES TRADICIONAIS PODEM FORNECER OS OSSOS, MAS PODE SER NECESSÁRIO ENCOMENDAR COM ANTECEDÊNCIA. COMO OS OSSOS DE VITELA E OS BOVINOS GERALMENTE SÃO BEM GRANDES, PEÇA AO AÇOUGUEIRO PARA CORTÁ-LOS, PARA QUE O SABOR POSSA SER TOTALMENTE APROVEITADO.

1 Preaqueça o forno a 220°C. Coloque os ossos em uma assadeira grande com metade do azeite de oliva, e asse no forno até que fiquem dourados, virando de vem em quando. Esse processo deve durar de 1 hora a 1 hora e meia.

2 Enquanto isso, coloque os vegetais com o alho em um caldeirão ou caçarola grande com o restante do azeite. Frite levemente até que adquiram uma cor suave, virando de vez em quando.

INGREDIENTES

(rende de 2 a 3 litros)

3 kg de ossos de vitela ou bovinos
200 ml de azeite de oliva
2 cebolas grandes grosseiramente picadas
4 cenouras grandes grosseiramente picadas
3 talos de aipo grosseiramente picados
½ cabeça de alho com casca
2 colheres de sopa de purê de tomate concentrado
350 ml de vinho Madeira
350 ml de vinho do Porto
10 litros de água fria
200 g de cogumelos
1 bouquet garni grande (página 18)

3 Acrescente o purê de tomate, mexa e continue cozinhando até todos os ingredientes dourarem, e então acrescente o vinho Madeira e o Porto. Reduza o líquido, fervendo em fogo brando até que adquira consistência viscosa.
4 Quando os ossos estiverem com cor forte, retire toda a gordura, usando toalhas de papel se necessário. Acrescente os ossos aos vegetais, juntamente com a água.
5 Deixe a água ferver, retire com uma concha a espuma que se forma, e então acrescente os cogumelos e o bouquet garni. Deixe ferver em fogo brando por aproximadamente 6 horas, retirando toda a espuma que se acumular na superfície.
6 Coe o caldo, passando os ingredientes do caldeirão por um escorredor forrado com musselina apoiado sobre uma tigela grande. Descarte os ossos, os vegetais e o bouquet garni.
7 Lave o caldeirão ou caçarola e coloque o caldo de volta. Deixe ferver novamente até que reduza pela metade. Deixe esfriar e use conforme necessário.

ARMAZENAMENTO
ESTE CALDO DURA ATÉ 7 DIAS NA GELADEIRA, EM RECIPIENTE FECHADO, DESDE QUE SEJA FERVIDO POR 5 MINUTOS A CADA 2 OU 3 DIAS. PODE TAMBÉM SER CONGELADO, EM PEQUENAS PORÇÕES, POR ATÉ 2 MESES.

Caldo de cordeiro

PARA USO ESPECIAL EM PRATOS E MOLHOS DE CORDEIRO. USAMOS OSSOS DE COSTELA OU PESCOÇO DE CORDEIRO, MAS OS OSSOS DOS OMBROS E DAS PERNAS TAMBÉM SERVEM.

INGREDIENTES

(rende aproximadamente 2 litros)

2 kg de ossos de costela ou pescoço de cordeiro
100 ml de azeite de oliva
1 cebola grande grosseiramente picada
3 cenouras grandes grosseiramente picadas
2 talos de aipo grosseiramente picados
½ cabeça de alho com casca
250 ml / 1 xícara de vinho branco seco
1 colher de sopa de purê de tomate concentrado
1 bouquet garni (página 18)
8 litros de água fria

1 Preaqueça o forno a 200°C. Coloque os ossos de cordeiro em uma assadeira grande e acrescente metade do azeite. Asse no forno por 50 a 60 minutos, virando de vez em quando até que fiquem bem dourados.
2 Enquanto os ossos assam, aqueça o restante do azeite em um caldeirão ou caçarola grande, e doure os vegetais por aproximadamente 15 minutos, mexendo de vez em quando.
3 Deglace com o vinho e cozinhe até que o líquido esteja reduzido pela metade. Acrescente o purê de tomate concentrado, o bouquet garni e a água, e mexa.
4 Retire os ossos do forno e coloque-os no caldeirão ou caçarola, com cuidado para evitar que entre gordura ou azeite.
5 Deixe ferver gradualmente, retirando com uma colher grande qualquer sedimento que se formar na superfície.
6 Deixe ferver em fogo brando por aproximadamente 4 horas ou até que o líquido esteja reduzido pela metade, ainda tirando a espuma de vez em quando.
7 Despeje cuidadosamente sobre um escorredor forrado com musselina apoiado sobre uma tigela.
8 Lave o caldeirão ou caçarola e coloque o caldo de volta. Deixe ferver novamente até reduzir para aproximadamente 2 litros. Deixe esfriar, refrigere e remova qualquer gordura que se concentrar na superfície. Use conforme necessário.

ARMAZENAMENTO
O CALDO DE CORDEIRO PODE SER MANTIDO POR ATÉ UMA SEMANA EM RECIPIENTE FECHADO NA GELADEIRA, DESDE QUE SEJA FERVIDO POR ALGUNS MINUTOS A CADA 3 OU 4 DIAS. TAMBÉM PODE SER CONGELADO – EM PORÇÕES INDIVIDUAIS, CONFORME DESEJADO – POR ATÉ 2 MESES.

Caldo de frango

UM BOM CALDO-BASE, DE COR ÂMBAR E SABOR NÃO MUITO FORTE. NO RESTAURANTE, PREPARAMOS ESTE CALDO USANDO CARCAÇAS DE FRANGO FRESCO, MAS AS ARTICULAÇÕES, COMO AS ASAS, TAMBÉM PODEM SER USADAS.

INGREDIENTES

(rende aproximadamente 3 litros)

3 kg de carcaças de frango cruas ou aproximadamente a mesma quantidade de articulações de frango (ex.: asas, coxas)
5 litros de água fria
4 talos de aipo grosseiramente picados
2 alhos-porós grosseiramente picados
3 cebolas grandes cortadas em 4 partes
3 cenouras grandes grosseiramente picadas
½ cabeça de alho com casca
1 ramo grande de tomilho
25 g de sal grosso
1 bouquet garni (página 18)

1 Coloque as carcaças ou articulações de frango cruas em um caldeirão ou caçarola grande e cubra com a água. Deixe ferver, retirando bem a espuma com uma concha.
2 Acrescente todos os ingredientes restantes, certificando-se de que fiquem completamente submersos. Volte a ferver e deixe em fogo brando por aproximadamente 4 horas e meia, retirando a espuma frequentemente.
3 Coe o caldo, passando os ingredientes do caldeirão por um escorredor forrado com musselina apoiado sobre uma tigela grande ou outra caçarola grande. Descarte os ossos, os vegetais e o bouquet garni. Deixe esfriar o caldo coado e depois refrigere ou congele até o momento do uso.

ARMAZENAMENTO
O CALDO DE CORDEIRO PODE SER MANTIDO POR ATÉ UMA SEMANA NA GELADEIRA, EM RECIPIENTE FECHADO, DESDE QUE SEJA FERVIDO POR ALGUNS MINUTOS A CADA 3 OU 4 DIAS. TAMBÉM PODE SER CONGELADO EM PORÇÕES PEQUENAS POR ATÉ 2 MESES.

Caldo dourado de frango

ALGUMAS DAS MINHAS RECEITAS PEDEM UM CALDO DE FRANGO DE DOURADO MAIS INTENSO. FAZEMOS ISSO SIMPLESMENTE DOURANDO AS CARCAÇAS OU ARTICULAÇÕES NO FORNO ANTES DO PREPARO. PREAQUEÇA O FORNO A 200°C E ASSE AS CARCAÇAS OU ARTICULAÇÕES POR 15 A 20 MINUTOS, VIRANDO-AS FREQUENTEMENTE, ATÉ QUE FIQUEM COM UM TOM DOURADO-ESCURO. PASSE POR UM ESCORREDOR E PROSSIGA COM A RECEITA ACIMA.

Bouquet garni

VOCÊ PODE SIMPLESMENTE AMARRAR AS FOLHAS E RAMOS, FORMANDO UM MAÇO, E DEPOIS JOGAR AS SEMENTES, SOLTAS, DENTRO DA PANELA, MAS PREFERIMOS ORGANIZÁ-LOS EM UM "PACOTE". USE A "CASCA" DO ALHO-PORÓ (AS DUAS FOLHAS EXTERNAS) COMO EMBALAGEM E BARBANTE DE COZINHA PARA FIRMAR TUDO NO LUGAR. O BOUQUET GARNI PERMANECERÁ FRESCO POR VÁRIOS DIAS SE MANTIDO NA GELADEIRA.

INGREDIENTES

(para 1 bouquet garni)

"casca" de um alho-poró grande
½ talo de aipo
1 ramo de tomilho
alguns caules de salsa
1 folha de louro
½ colher de chá de pimenta-do-reino em grãos
½ colher de chá de pimenta-branca em grãos
6 sementes de coentro

1 Separe as duas folhas externas da parte branca do alho-poró e coloque o aipo, o tomilho, os caules de salsa e a folha de louro no centro. Com uma colher, insira os grãos de pimenta e as sementes de coentro.
2 Dobre para dentro as extremidades e laterais do alho-poró, enrolando de modo a formar um "pacote".
3 Amarre firmemente em vários pontos.

Molhos e guarnições

A MAIORIA DESTES MOLHOS E GUARNIÇÕES PODE SER PREPARADA EM QUANTIDADE MAIOR E ARMAZENADA NA GELADEIRA. SE TIVER DIFICULDADE PARA MEDIR PEQUENAS QUANTIDADES DE LÍQUIDOS, LEMBRE-SE QUE UMA COLHER DE SOPA PADRÃO EQUIVALE A 15 ml, UMA COLHER DE SOBREMESA, A 10 ml E UMA COLHER DE CHÁ, A 5 ml.

Tapenade

USAMOS PARA COBRIR FILÉS DE PEIXE – COMO A TAINHA – FRITOS, MAS TAMBÉM PODE SER USADO COMO TEMPERO VERSÁTIL OU COMO PASTA PARA CROÛTES (TORRADAS OU TIRAS CROCANTES DE VEGETAIS).

INGREDIENTES

(rende um pote médio)

200 g de azeitonas pretas sem caroço
40 g de anchovas
20 g de alcaparras enxaguadas
1 dente de alho amassado
1 colher de sopa de azeite de oliva extravirgem

1 Apenas coloque todos os ingredientes em um processador ou liquidificador e bata por 2 a 3 minutos.
2 Com a ajuda de uma colher, distribua em potes de vidro com tampa de rosca limpos e feche. Armazene na geladeira e use conforme necessário.

Pesto

O PESTO CASEIRO TEM UM SABOR MUITO MAIS PURO E FRESCO DO QUE AS VARIAÇÕES PRONTAS. FICA EXCELENTE COM MASSAS OU COMO GUARNIÇÃO PARA SOPAS.

INGREDIENTES

(rende um pote médio)

50 g / ½ xícara de pignoli
50 g de dentes de alho descascados e com as extremidades cortadas
50 g de queijo parmesão ralado fino
30 g de folhas de manjericão
125 ml de azeite de oliva extravirgem

1 Coloque os pignoli, o alho e o queijo parmesão em um processador ou liquidificador e processe até ficarem bem moídos.
2 Com a máquina ainda ligada, acrescente as folhas de manjericão pela abertura superior, e então acrescente o azeite em fio. Bata até a mistura ficar homogênea e cremosa. Armazene na geladeira, em potes de vidro com tampa de rosca limpos.

Vinagrete básico para saladas

O VINAGRE DE XEREZ INTENSIFICA O SABOR, E O AZEITE DE OLIVA MISTURADO COM ÓLEO DE AMENDOIM DÁ UMA CONSISTÊNCIA LEVE AO VINAGRETE.

INGREDIENTES

(rende um pote médio)

50 ml de vinagre de xerez
250 ml de azeite de oliva extravirgem
50 ml de azeite de amendoim
suco de ½ limão
sal marinho e pimenta-branca moída

1 Despeje o vinagre em uma tigela ou jarra. Acrescente uma boa pitada de sal e de pimenta e, usando um batedor, misture até dissolver.
2 Acrescente os azeites e o limão e bata novamente para formar uma emulsão leve. Experimente para verificar o tempero. O vinagrete que sobrar pode ser armazenado em pote de vidro com tampa de rosca. Agite antes de usar, para emulsionar novamente.

Vinagrete cremoso trufado

NOSSO ACOMPANHAMENTO PARA O MOSAICO DE COELHO COM REPOLHO E COGUMELOS (PÁGINA 67), MAS IGUALMENTE MARAVILHOSO EM SALADAS DE FOLHAS (PÁGINA 54), OU SOBRE BATATAS QUENTES E UM SIMPLES PEIXE COZIDO. O AZEITE TRUFADO PODE SER ENCONTRADO EM BOAS DELICATESSENS..

INGREDIENTES

(rende aproximadamente 350 ml)

150 ml de azeite de oliva extravirgem
50 ml de azeite de amendoim
50 ml de azeite trufado
2 colheres de sopa de vinagre de xerez
50 ml de creme de leite
sal marinho e pimenta-branca moída

1 Em uma tigela ou jarra, bata os azeites, o vinagre e uma boa pitada de sal e de pimenta.
2 Bata levemente o creme até que comece a levantar pontas suaves, e então despeje dentro do vinagrete. Experimente o tempero e use conforme necessário. O vinagrete que sobrar pode ser armazenado em pote de vidro com tampa de rosca.

Molho vierge

UM MOLHO DE COENTRO E MANJERICÃO QUE COMBINA MUITO BEM COM SALMONETE, VIEIRAS OU ATUM FRESCO FRITO.

INGREDIENTES

(para 6)

6 folhas de manjericão
6 folhas grandes de coentro
6 sementes de coentro
50 ml de azeite de oliva extravirgem
2 colheres de sopa de suco de limão fresco
1 colher de sopa cheia de Confit de Echalote (página 94)
½ colher de chá de vinagre balsâmico
sal marinho e pimenta-branca moída

1 Corte o manjericão e as folhas de coentroem tiras finas à julienne, e amasse as sementes de coentro usando um pilão.
2 Aqueça levemente o azeite e o suco de limão em uma caçarola pequena e então acrescente o confit de echalotes, as ervas, as sementes amassadas, o vinagre e o tempero. Mexa rapidamente, retire do fogo e deixe em infusão por no mínimo 5 e no máximo 30 minutos. Sirva o molho morno, em temperatura ambiente ou resfriado.

Molho antiboise

UM MOLHO MEDITERRÂNEO FRANCÊS CLÁSSICO, DE MARAVILHOSO SABOR FRESCO, PARA COMPLEMENTAR PEIXE OU CORDEIRO ASSADO, MAS IGUALMENTE BOM EM SALADAS DE MASSA OU ARROZ, OU MISTURADO COM BATATAS QUENTES.

INGREDIENTES

(para rende aproximadamente 450 ml)

3 tomates grandes, com peso total de aproximadamente 400 g
3 echalotes grandes bem picadas
1 dente de alho pequeno amassado
200 ml de azeite de oliva
6 folhas de manjericão
6 folhas grandes de coentro
6 ramos de estragão
suco de ½ limão
sal marinho e pimenta-do-reino moída na hora

1 Mergulhe os tomates primeiro na água fervente e depois em água fria, e retire a pele. Corte em quatro partes, retire as sementes e corte em cubos bem pequenos. Reserve.
2 Em uma panela de fundo grosso, deixe suar levemente as echalotes e o alho no azeite por 5 minutos ou até que fiquem macios, mas ainda sem cor.
3 Enquanto isso, corte as ervas em fatias finas, à julienne. Misture-as com as echalotes e deixe em infusão fora do fogo por 5 minutos.
4 Acrescente os cubos de tomate, mexa e aqueça levemente. Acrescente o suco de limão e temperos a gosto. Sirva quente. O molho pode ser armazenado na geladeira por vários dias e reaquecido conforme necessário.

Rouille

UM MOLHO FRANCÊS DE OVOS E AZEITE DE OLIVA PARA SERVIR SOBRE FATIAS DE PÃO FRANCÊS COM SOPAS DE PEIXE, TAIS COMO BOUILLABAISSE COM BATATAS AO AÇAFRÃO (PÁGINA 114). COMO ALTERNATIVA, EXPERIMENTE COM SARDINHAS ASSADAS OU SALMÃO GRELHADO.

INGREDIENTES

(rende aproximadamente 300 ml; suficiente para 4)

1 batata de aproximadamente 85 g
2 ovos cozidos duros
2 gemas
2 dentes de alho amassados
3 pitadas de pistilos de açafrão
200 ml de azeite de oliva
sal marinho e pimenta-do-reino moída na hora

1 Cozinhe a batata; depois descasque-a e amasse até formar um purê homogêneo. Reserve para esfriar.
2 Descasque os ovos cozidos, corte-os grosseiramente e esfregue em uma peneira de metal usando os dedos ou com as costas de uma colher.
3 Coloque a batata e os ovos em uma tigela com as gemas, o alho e os temperos. Triture o açafrão sobre essa mistura e mexa bem.
4 Acrescente o azeite em fio bem devagar, batendo firmemente com uma colher de pau, como se estivesse fazendo uma maionese, até obter um molho grosso e brilhante. Ajuste o tempero e sirva.

Molho de vinho tinto

UM MOLHO ENCORPADO, EXCELENTE PARA SERVIR NÃO APENAS COM CARNE, MAS TAMBÉM COM PEIXES "SUBSTANCIAIS", TAIS COMO O TAMBORIL ASSADO (PÁGINA 113) E O CONFIT DE ATUM (PÁGINA 107). FREQUENTEMENTE SIRVO PEIXES COM MOLHOS À BASE DE CALDO DE CARNE.

INGREDIENTES

(rende aproximadamente 400 ml)

800 ml de Caldo de Frango (página 18)
1 garrafa de vinho tinto (750 ml)
2 colheres de sopa de azeite de oliva
8 echalotes fatiadas
1 colher de chá de pó de cinco especiarias
12 grãos de pimenta-do-reino
1 ramo de tomilho
1 folha de louro pequena
1 colher de sopa de vinagre de xerez
sal marinho e pimenta-do-reino moída na hora

1 Prepare o caldo de frango e reserve. Em outra caçarola, ferva o vinho até que fique forte e viscoso, reduzido até aproximadamente uma taça de vinho grande.
2 Em uma terceira caçarola, aqueça o azeite e salteie as echalotes junto com o pó de especiarias, os grãos de pimenta, o tomilho e a folha de louro, até ficar caramelizado (aproximadamente 10 minutos). Deglace com o vinagre e então acrescente o "xarope" de vinho tinto.
3 Acrescente o caldo de frango e mexa. Deixe ferver em fogo alto aproximadamente 20 minutos para reduzir pela metade, retirando a espuma de vez em quando com uma concha, conforme necessário.
4 Coe pelo menos duas vezes em uma peneira forrada com musselina ou em um pano fino, para retirar todas as partículas de vegetais, até obter um molho homogêneo. Tempere conforme necessário.

Molho de morangos

CONSISTINDO UNICAMENTE DO PURO SUCO DE MORANGOS MADUROS (SEM AÇÚCAR), ESTE MOLHO PARA SOBREMESAS DE SABOR FRESCO É COMPLEMENTO IDEAL PARA CRÈME BRÛLÉE OU SORVETES.

INGREDIENTES

(rende aproximadamente 300 ml)

500 g de morangos maduros, descascados e fatiados

1 Coloque os morangos em uma tigela refratária. Cubra a tigela comfilme plástico e apoie-a sobre uma panela de água fervente em fogo brando, deixando por 25 a 30 minutos, ou até que o suco tenha sido completamente drenado da fruta.

2 Enquanto isso, forre uma peneira com musselina úmida ou com uma toalha fina úmida, e coloque sobre uma tigela.

3 Retire a tigela refratária do fogo e despeje seu conteúdo sobre a peneira. Quando todo o suco tiver passado pela peneira, descarte a polpa da fruta e resfrie até o momento de usar.

Crème pâtissière

UMA BASE MARAVILHOSAMENTE ÚTIL PARA RECEITAS FRIAS OU QUENTES. USE COMO RECHEIO PARA TORTAS DE FRUTAS E FLANS, OU COMO BASE DE SUFLÊS. COMO UMA ÚNICA PORÇÃO PODE TER MÚLTIPLAS UTILIDADES, VALE A PENA FAZER MAIS QUE O NECESSÁRIO, PRINCIPALMENTE PORQUE PODE SER ARMAZENADA, SE BEM COBERTA, POR ATÉ UMA SEMANA NA GELADEIRA.

INGREDIENTES

(rende aproximadamente 600 ml)

600 ml de leite
75 g de açúcar refinado
6 gemas
90 g de farinha de trigo
1 colher de sobremesa de amido de milho

1 Coloque o leite para ferver em uma caçarola grande.

2 Em uma tigela grande, bata o açúcar e as gemas até que a mistura fique clara. Acrescente gradualmente a farinha de trigo e o amido de milho, mexendo bem até que a mistura fique homogênea.

3 Quando o leite começar a ferver, despeje metade dele em fio fino sobre a mistura das gemas, batendo bem enquanto despeja. Quando estiver bem misturado, acrescente o restante do leite quente da mesma maneira.

4 Coloque a mistura de volta na caçarola em fogo de brando a médio. Cozinhe levemente, mexendo de vez em quando, por até 2 minutos, até que comece a desprender das laterais da caçarola. Nesse ponto, a mistura deve estar homogênea e espessa. Deixe esfriar por alguns minutos e então, com uma colher, coloque-a de volta na tigela. Cubra a superfície firmemente comfilme plástico para evitar a formação de película. Quando esfriar, use conforme necessário.

PREPARANDO PEQUENAS QUANTIDADES

É DIFÍCIL FAZER CRÈME PÂTISSIÈRE EM QUANTIDADES MUITO PEQUENAS. SE A RECEITA PEDIR UM QUARTO DA QUANTIDADE AQUI DESCRITA, FAÇA A METADE DESTA RECEITA E DEPOIS DIVIDA-A EM DUAS PARTES. SE A RECEITA PEDIR UM TERÇO, ENTÃO USE AS SEGUINTES QUANTIDADES:

200 ml de leite
2 colheres de sopa de açúcar refinado
2 gemas
2 colheres de sopa de farinha de trigo
1 colher de chá de amido de milho

Caldo-xarope

INGREDIENTES

(rende aproximadamente 1,5 litro)

550 g de açúcar granulado
1 litro de água fria
casca ralada de 1 limão

ÚTIL PARA MUITOS MÉTODOS DE SOBREMESAS, COMO FRUTAS POCHÉES, COBERTURA DE FRUTAS SECAS COMO TUILES DE MAÇÃ (PÁGINA 184), OU BASE PARA SALADAS DE FRUTAS E TERRINAS DE FRUTAS. DEVIDO A SEU ALTO TEOR DE AÇÚCAR, O CALDO-XAROPE PODE SER MANTIDO NA GELADEIRA POR PELO MENOS 3 MESES. É SEMPRE ÚTIL TER UMA PORÇÃO À MÃO.

1 Coloque o açúcar, a água e a casca de limão em uma caçarola de fundo grosso. Ferva lentamente, mexendo de vez em quando. Quando todos os grânulos de açúcar estiverem dissolvidos, ferva o xarope por aproximadamente 5 minutos.
2 Deixe esfriar e armazene na geladeira, em recipiente fechado, até o momento de usar.

Pâte à bombe

INGREDIENTES

(rende aproximadamente 700 ml)

8 gemas
150 ml de água fria
200 g de açúcar refinado

USO ESTA RECEITA COMO BASE PARA MUITOS DOS MEUS SORVETES, UMA VEZ QUE ELA LHES CONFERE LEVEZA E ESTABILIDADE. O MÉTODO É SEMELHANTE AO USADO PARA FAZER COALHADA DE LIMÃO – MEXENDO OS INGREDIENTES EM UMA TIGELA REFRATÁRIA EM BANHO-MARIA ATÉ QUE A MISTURA FIQUE GROSSA O BASTANTE PARA "SEGURAR" UMA COLHER DE PAU NA POSIÇÃO VERTICAL.

1 Coloque uma caçarola de água para ferver. Enquanto ferve, em uma tigela refratária pequena ou média, que caiba dentro da caçarola, bata as gemas, a água e o açúcar até a mistura ficar homogênea.
2 Quando a água começar a ferver, abaixe o fogo e coloque a tigela dentro da caçarola, certificando-se de que o nível da água chegue apenas até a altura da mistura.
3 Cozinhe, mexendo frequentemente, por até uma hora ou até que a mistura tenha engrossado o suficiente, de modo a "segurar" uma colher de pau em posição vertical no centro. Durante o cozimento, verifique o nível da água de vez em quando, e acrescente mais água fervente conforme necessário.
4 Apague o fogo e retire a tigela. Deixe a mistura esfriar levemente e esfregue-a em uma peneira fina com as costas de uma colher ou concha. Usando um batedor elétrico, bata a mistura até que esfrie e fique leve e fofa. Use conforme necessário.

Merengues

Merengue italiano

ESTE É UM TIPO ESTÁVEL DE MERENGUE, QUE MANTÉM SEU VOLUME DEPOIS DE BATIDO, O QUE O TORNA IDEAL PARA USAR EM SUFLÊS. O AÇÚCAR É TRANSFORMADO EM XAROPE, FERVIDO ATÉ O PONTO DE BALA DURA (SERÁ NECESSÁRIO UM TERMÔMETRO PARA AÇÚCAR), E EM SEGUIDA DESPEJADO SOBRE CLARAS BATIDAS. A GLICOSE LÍQUIDA, UM AÇÚCAR INERTE QUE EVITA QUE A SACAROSE ENDUREÇA, PODE SER COMPRADA EM FARMÁCIAS OU CASAS ESPECIALIZADAS.

INGREDIENTES

(para aproximadamente 2 litros)

350 g de açúcar refinado
2 colheres de chá de glicose líquida
100 ml de água fria
6 claras

1 Coloque o açúcar, a glicose e a água em uma caçarola de fundo grosso sobre fogo brando, mexendo de vez em quando até que o açúcar e a glicose se dissolvam. Quando ficar claro, ferva o xarope até ficar em ponto de bala mole – isto é, até quando atingir 116ºC – o que leva aproximadamente 5 minutos.
2 Enquanto isso, em uma tigela grande ou batedeira elétrica, bata as claras em ponto de pico leve e desligue a batedeira. Deixe o açúcar atingir 121ºC – o ponto de bala dura – o que leva de 1 a 2 minutos. Retire o xarope do fogo imediatamente.
3 Ligue a batedeira com as claras em velocidade baixa.
4 Despeje lentamente o xarope na lateral da tigela.

NOTA
SE VOCÊ NÃO TIVER UMA BATEDEIRA ELÉTRICA, BATA AS CLARAS EM PONTO DE PICO LEVE COM UM FUET ANTES DE ACRESCENTAR O XAROPE.

Merengue francês

ESTE MERENGUE TEM QUE SER USADO RAPIDAMENTE, UMA VEZ QUE O AÇÚCAR NÃO É DISSOLVIDO E FICA QUEBRADIÇO COM O TEMPO. ELE É BEM DIFERENTE DO MERENGUE ITALIANO, QUE É ESTÁVEL POR SER FEITO COM XAROPE.

INGREDIENTES

(rende aproximadamente 1 litro)

4 claras
uma pitada de sal
150 g de açúcar refinado

1 Coloque as claras em uma tigela bem limpa e desengordurada, com uma pitada de sal e uma pitada de açúcar.
2 Usando a batedeira elétrica, bata levemente no início, para formar uma espuma, e então aumente gradualmente a velocidade até chegar ao máximo.
3 Bata até ficarem em ponto de pico firme, certificando-se de que as claras não fiquem batidas demais, secas ou granuladas. Acrescente devagar o restante do açúcar, com a batedeira ainda ligada. Use imediatamente, de acordo com a receita.

Massas

Massa folhada caseira

O SABOR DA MASSA FOLHADA FOFA CASEIRA É UMA TREMENDA REVELAÇÃO! É MUITO MAIS MOLHADINHA QUE A COMPRADA PRONTA, MAS AINDA É LEVE E FOLHADA, COM SABOR ENCORPADO E AMANTEIGADO. DEPOIS DE PRATICAR UMA OU DUAS VEZES, ELA SE TORNA SURPREENDENTEMENTE FÁCIL DE FAZER, E FICA DIFÍCIL VOLTAR A COMPRAR AS SUBSTITUTAS PRONTAS.

INGREDIENTES

(rende 1,2 kg)

500 g de farinha de trigo
uma boa pitada de sal
500 g de manteiga sem sal, cortada em pedaços
1 colher de chá de vinagre de vinho branco
300 ml de água gelada

1 Separe 450 g da farinha de trigo em uma tigela e misture com o sal. Acrescente 50 g da manteiga e amasse até que a mistura fique parecida com pequenas migalhas de pão. Isso pode ser feito com um mixer, um processador, ou mesmo à mão.

2 Acrescente o vinagre e depois goteje a água gelada, misturando com uma faca de mesa até que os ingredientes formem uma massa homogênea. Pode ser que você não precise de toda a água, ou pode ser que precise de um pouco mais. É difícil explicar com precisão. Novamente, isso pode ser feito com aparelhos ou à mão. Amasse levemente e enrole emfilme plástico.

3 Misture os 50 g restantes da farinha de trigo com o restante da manteiga. Esse processo fica melhor com um aparelho, processando até que a mistura fique homogênea. Com uma colher, coloque a mistura de manteiga sobre uma folha grande defilme plástico, formando um retângulo de aproximadamente 14 x 20 cm. Embrulhe bem com ofilme plástico e resfrie ambos os pacotes – o da massa e o da manteiga – por 20 minutos na geladeira.

4 Em uma superfície levemente coberta com farinha de trigo, abra a massa com um rolo, formando um retângulo com quase o dobro do tamanho do retângulo de manteiga (aproximadamente 25 x 35 cm). Tente manter as bordas o mais retas possível e os cantos em ângulo reto. Se for necessário, corte a massa para dar forma.

5 Coloque a mistura da manteiga sobre o lado do comprimento da massa, dobre a massa, cobrindo completamente a manteiga, e aperte as bordas com os dedos, para fechar.

6 Limpe qualquer excesso de farinha de trigo com um pincel para massas seco, e então abra a massa com cuidado em uma direção apenas, até que fique com três vezes o comprimento, tomando cuidado para que a manteiga não escape.

7 Dobre a massa em três, colocando a terça parte superior para baixo e a terça parte inferior sobre ela. Gire a massa em 90° e abra-a novamente. Polvilhe levemente farinha de trigo sobre a superfície e o rolo e abra a massa novamente até formar um retângulo longo, do mesmo tamanho de antes, mantendo as bordas e os cantos retos.

8 Dobre em três como antes, embrulhe emfilme plástico e deixe descansar na geladeira por 20 minutos. Desembrulhe e, com a borda lisa e dobrada para o lado, →

ALGUMAS DICAS ÚTEIS

- RETIRE A MANTEIGA DA GELADEIRA UMA HORA ANTES DE USAR.
- QUANDO ESTIVER ABRINDO A MASSA, SEMPRE MANTENHA AS BORDAS O MAIS RETAS POSSÍVEL E OS CANTOS RETOS, PUXANDO PARA O LUGAR CERTO SE NÃO CONSEGUIR USAR O ROLO COM PERFEIÇÃO.
- É IMPORTANTE QUE AS CAMADAS DE MANTEIGA FIQUEM UNIFORMES DENTRO DA MASSA, E A MELHOR MANEIRA DE ASSEGURAR ISSO É ABRINDO A MASSA COM CUIDADO E MÉTODO. ENTÃO, SEMPRE ABRA A MASSA E DOBRE NA MESMA DIREÇÃO (GERALMENTE DE BAIXO PARA CIMA), E GIRE A MASSA EM APENAS 90 GRAUS DE CADA VEZ, NOVAMENTE NA MESMA DIREÇÃO, GERALMENTE NO SENTIDO ANTI-HORÁRIO.

abra novamente até formar um retângulo longo como o anterior.

9 Dobre novamente em três, gire a massa em 90°, certificando-se de que a borda dobrada fique do mesmo lado que antes, e repita o processo de abrir e dobrar. Gire novamente em 90° e dobre em três, então dobre novamente, imediatamente, de maneira que a massa fique com o dobro da espessura. Embrulhe emfilme plástico e resfrie novamente por 20 minutos.

10 Se estiver fazendo a massa com antecedência, congele-a nesse estágio, dividindo em duas ou quatro partes, de acordo com a receita. Se, entretanto, quiser usar a massa imediatamente, abra-a mais duas vezes, abrindo, dobrando e girando como antes. A manteiga ficará em camadas da espessura de uma folha de wafer dentro da massa; é isso que faz com que a massa levante em camadas leves e crocantes. Para ter informações específicas a respeito do tempo e da temperatura do forno, verifique cada receita individualmente.

Massa doce

ESTA MASSA DOCE COM CHEIRO DE BAUNILHA PODE SER FEITA EM BATEDEIRA ELÉTRICA E DEPOIS DIVIDIDA EM PORÇÕES DE 250 g OU 500 g. A MASSA RESTANTE PODE SER CONGELADA.

INGREDIENTES

(rende 1 kg)

250 g de manteiga sem sal em temperatura ambiente
180 g de açúcar refinado
4 favas de baunilha
2 ovos médios batidos
500 g de farinha de trigo
¼ colher de chá de sal

1 Misture a manteiga com o açúcar em uma batedeira elétrica até que fique macia, mas não fofa. Abra as favas de baunilha, raspe as sementes e acrescente-as à mistura.

2 Acrescente gradualmente os ovos, um por um, com cuidado para que não coalhem. Desligue a batedeira uma ou duas vezes e empurre a mistura para baixo com uma espátula.

3 Peneire juntos a farinha de trigo e o sal em uma tigela grande. Diminua a velocidade da batedeira para o mínimo e acrescente a farinha de trigo com uma colher, em estágios. Assim que a mistura ficar grudada como uma massa esfarelada, desligue a batedeira, retire a massa e amasse-a levemente com a mão, formando uma bola macia.

4 Divida a mistura em porções de acordo com a receita.

5 Embrulhe a parte que sobrar da massa emfilme plástico e armazene no freezer, onde ela dura por várias semanas.

Fazendo massa de macarrão fresca

EMBORA MUITAS DAS MINHAS RECEITAS PEÇAM DE 200 A 300 g, DE MASSA, É MAIS FÁCIL, EM TERMOS DE TEMPO, FAZER UMA PORÇÃO COMPLETA E USAR O RESTANTE PARA FAZER SEU PRÓPRIO TAGLIATELLE OU CANELONE. ELES PODEM SER INTERCALADOS COM EMBALAGENS PARA FREEZER E CONGELADOS. NÃO CONGELE A MASSA EM FORMA DE BOLA, POIS ELA FORMARÁ UMA CASCA SECA E FICARÁ DIFÍCIL DE ABRIR. É MAIS FÁCIL ABRIR A MASSA COM UM AJUDANTE.

INGREDIENTES

(rende 800 g)

550 g de farinha de trigo
uma pitada generosa de sal
4 ovos
6 gemas
2 colheres de sopa de azeite de oliva

Massa de macarrão

1 Peneire a farinha de trigo e o sal juntos e coloque no processador com os ovos, as gemas e o azeite. Processe até que a mistura comece a formar migalhas grossas. Desligue a máquina e aperte uma pequena quantidade da mistura entre os dedos. A mistura não deve rachar, mas, se rachar, processe-a novamente por alguns segundos. Coloque a mistura sobre uma superfície e amasse bem até formar uma bola macia e firme de massa. Ela deve estar macia, mas não pegajosa. Embrulhe a massa emfilme plástico e deixe descansar por uma ou duas horas.

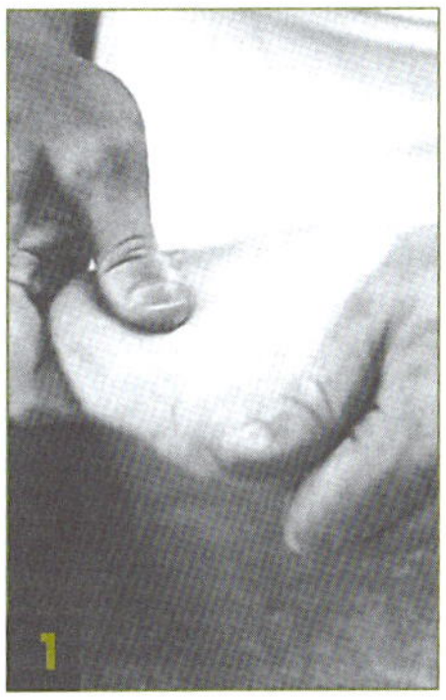

2 Divida a bola de massa em oito partes iguais e amasse cada uma das partes novamente até ficarem macias. Abra uma parte de cada vez com um rolo sobre uma superfície levemente coberta com farinha de trigo, até formar um retângulo de aproximadamente 5 mm de espessura.

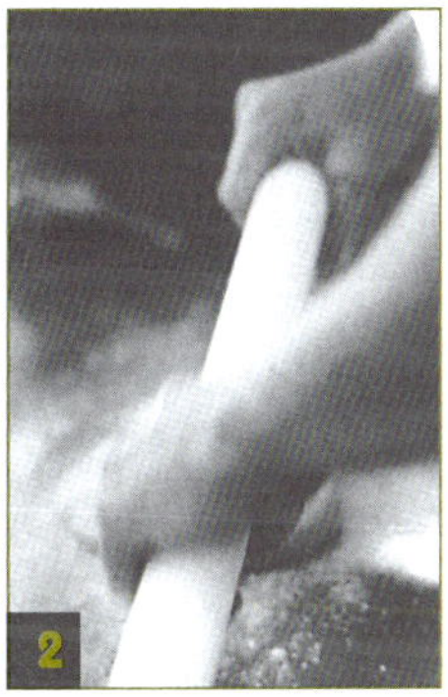

3-4 Passe cada um dos retângulos de massa várias vezes pela máquina de macarrão, com o mecanismo ajustado para a espessura mais grossa (isto é, com os rolos o mais separados possível) e apertando um grau de cada vez, terminando com a espessura mais fina. A massa está pronta para ser cortada, recheada e modelada, de acordo com cada receita individual.

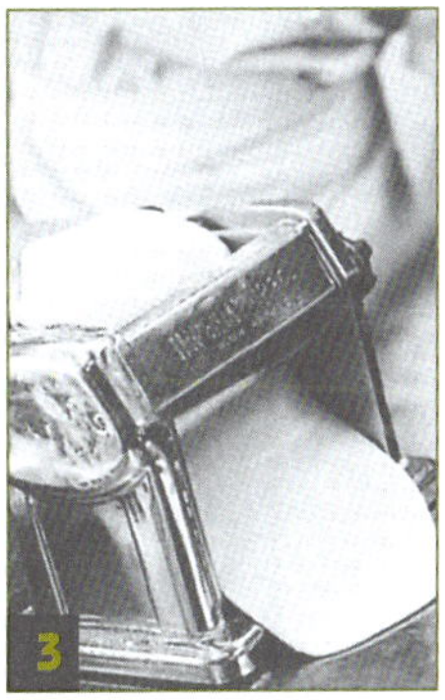

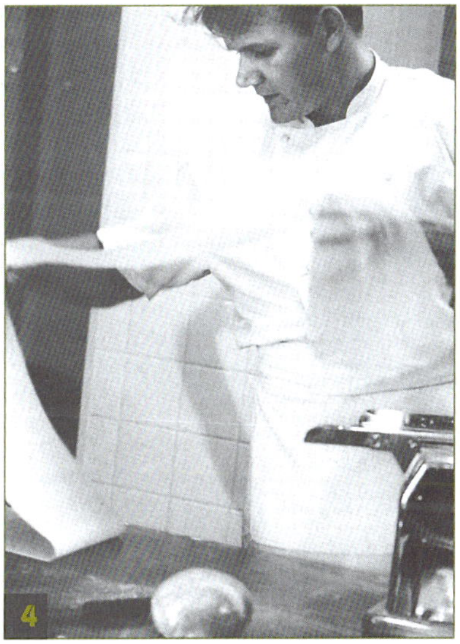

Eu faço massa fresca à mão duas vezes por dia, para ravióli, tortellini e tagliatelle, para servir como entrada ou em sopas.

Tortellini

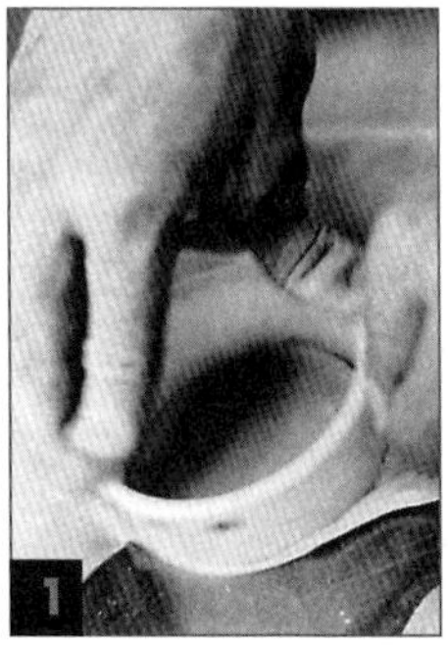

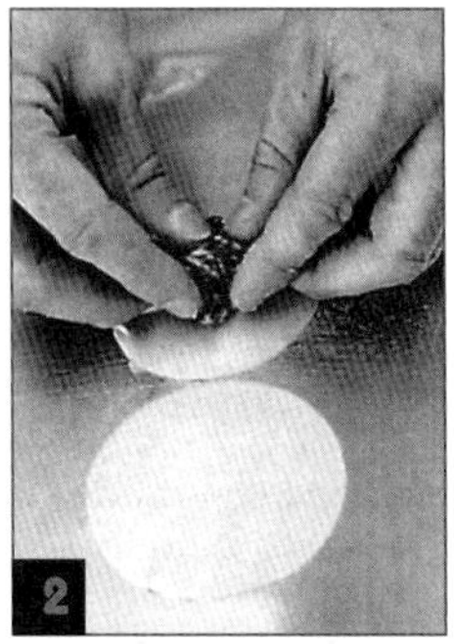

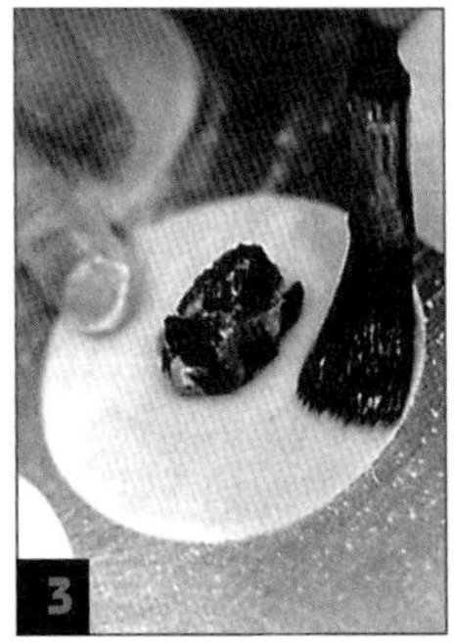

1 Prepare o recheio de acordo com a receita. Você provavelmente precisará de cerca da metade da quantidade da massa aberta na receita básica, considerando um pouco de sobra. Bata uma gema com uma pitada de sal e duas colheres de chá de água, e reserve. Usando um cortador redondo de 9 cm de diâmetro, corte quantos círculos você for precisar.

2-3 Pressione uma bola de recheio em um dos lados de cada disco de massa. Usando um pincel para massa, pincele as bordas de cada disco com a gema batida.

4-5 Dobre a massa formando um semicírculo. Pressione bem as extremidades para fechar, com cuidado para não formar bolhas de ar e não rasgar.

6-8 Pegue cada semicírculo na mão e curve as duas pontas da extremidade reta sobre o dedo polegar, pressionando bem para fechar. Então vire as pontas para cima, formando uma "aba", como a de um chapéu. Repita com a massa e o recheio restantes.

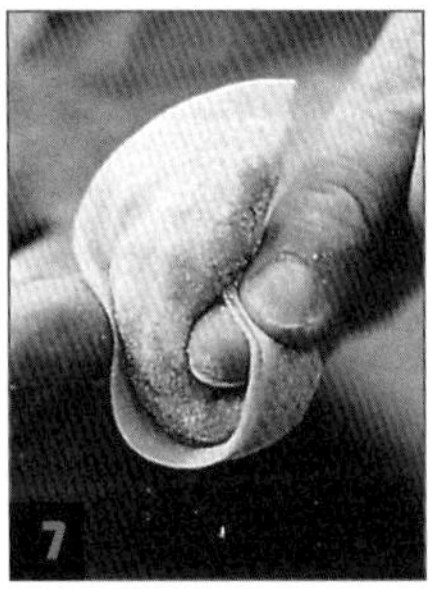

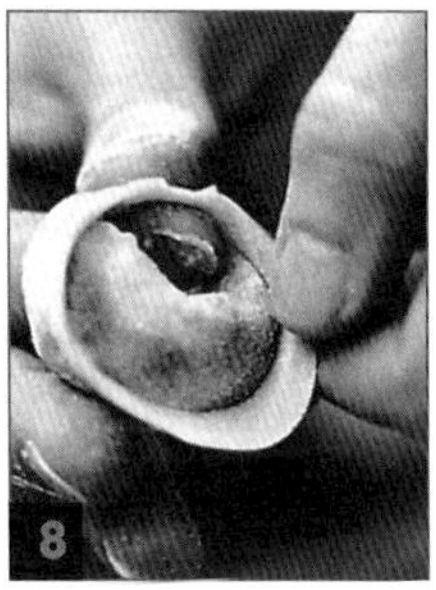

BRANQUEANDO A MASSA COM ANTECEDÊNCIA

9-10 Branqueie a massa caseira em água fervente com sal, deixando tortellini e ravióli por 2 minutos, e tagliatelle por 30 segundos. Escorra e mergulhe em água gelada até que esfrie. Escorra novamente. Embrulhe emfilme plástico e resfrie até o momento do uso. Aqueça em quantidade pequena de água fervente com manteiga por 1 a 2 minutos. Como alternativa, cozinhe a massa por um minuto a mais que o tempo indicado acima, escorra, despeje um pouco de manteiga e sirva imediatamente.

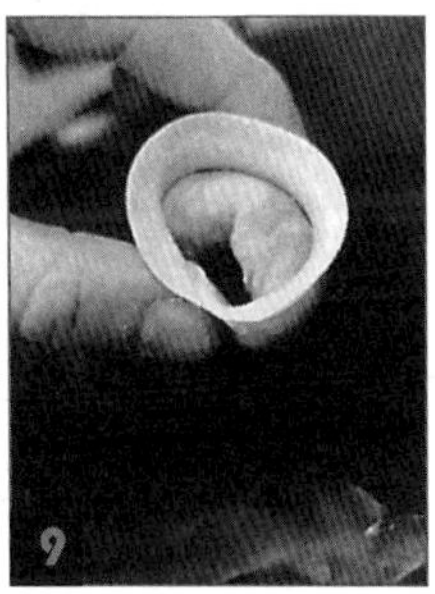

Tagliatelle

1 Prepare a massa (página 27) e abra com a espessura mais fina do cilindro. O ideal é permitir que as tiras sequem por aproximadamente 10 minutos, pendurando-as nos encostos de cadeiras forradas com panos limpos.

2 Polvilhe levemente as tiras com farinha de trigo. Fixe os cortadores especiais na máquina. Passe a primeira folha de massa pela máquina com uma mão, usando a outra mão para girar a manivela. À medida que a massa cortada for saindo, pare de girar fazendo intervalos, espalhando as fatias no outro lado para evitar que grudem.

3 Quando terminar de cortar a primeira folha, levante as tiras com uma das mãos e enrole-as formando um ninho sobre uma bandeja. Deixe secar por aproximadamente 10 minutos.

4 Branqueie e esfrie o tagliatelle (página 28), e então continue com sua receita individual.

Ravióli

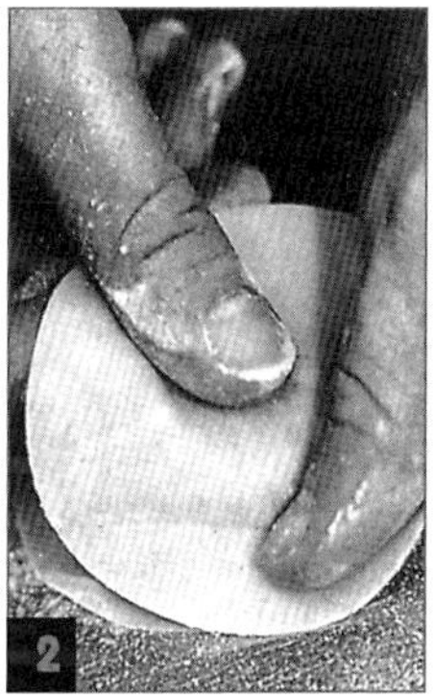

1-2 Prepare o recheio de acordo com sua receita. Geralmente, você precisará de cerca da metade da quantidade de massa, aberta com a espessura mais fina do seu cilindro. Usando um cortador redondo de 10 cm de diâmetro, corte 2 discos para cada ravióli. Faça pequenas bolas com o recheio e coloque sobre a metade dos discos. Pincele as extremidades com a gema, como fizemos com o tortellini, e coloque o segundo disco por cima.

3 Feche as extremidades dos discos de massa, pressionando firmemente com os dedos. Você precisará esticar a massa de modo que ela se estenda para as extremidades, moldando ao redor do recheio para não formar bolhas de ar nem rasgar.

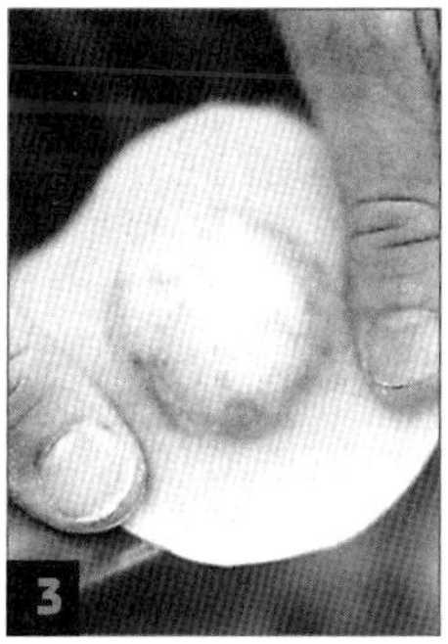

4 Pegue um cortador ondulado de tamanho menor que os círculos, corte-os em raviólis perfeitos e retire o excesso de massa das extremidades.

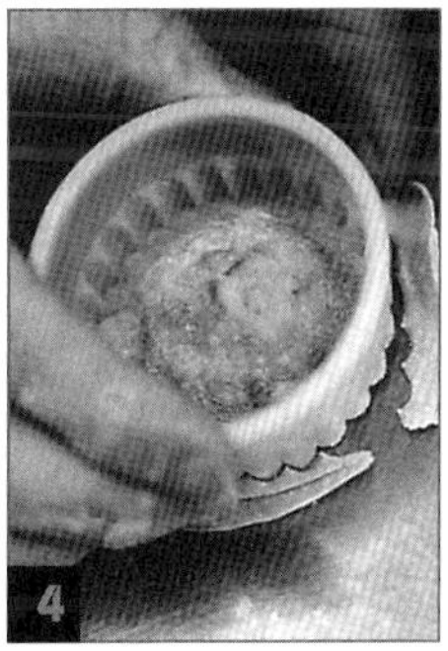

5 Branqueie e esfrie os raviólis (página 28), e então continue com a receita individual.

Sopas

Adoro fazer sopas em qualquer época do ano – para servi-las quentes ou frias. A essência de uma boa sopa é excitar o palato: certamente, não vejo uma sopa simplesmente como um mar para carregar alguns pedaços de destroços flutuantes.

Nossas sopas têm várias aparências: primeiro uma amuse-gueule *– talvez um pequeno Gazpacho de Pepino (página 46) resfriado, um claro Consomê de Tomate (página 49), ou talvez um leve Cappuccino Espumante, servido em minúsculas xícaras de café espresso para seduzir as papilas gustativas. Em seguida, temos sopas que lembram pratos principais leves, com lagostas ou vegetais bem "torneados" repousando em um leve Velouté de Peixe (página 14).*

Até a mais simples das nossas sopas vem com uma guarnição para incrementar. Por exemplo, a sedosa e pastosa Sopa de Brócolis (página 50) tem um toque especial de baby ravióli; e a minha favorita Espuma de Feijão-branco com Cogumelos Selvagens (página 32) é coberta com alguns delicados fragmentos de trufas.

Mas o ponto inicial de todas as minhas sopas é o sabor natural. Para muitas delas isso significa começar com um caldo harmonioso, que foi reduzido para concentrar a essência dos sabores. Para outras, uso um leve Caldo de Legumes à la Nage (página 13), para não ofuscar o sabor dos ingredientes principais; e em uma delas, a Sopa de Brócolis, o "caldo" é simplesmente água.

Espuma de feijão-branco com cogumelos selvagens

ESTA SOPA LEVE E ESPUMADA DEVE SEU SABOR E CONSISTÊNCIA A UM FINO PURÊ DE FEIJÃO-BRANCO, E SEU AROMA ESPECIAL AO AZEITE DE TRUFAS E AOS COGUMELOS. O EFEITO ESPUMANTE, SEMELHANTE AO DE UM CAPPUCCINO, É OBTIDO COM A AJUDA DE UM MIXER. A MANTEIGA CONGELADA É O SEGREDO PARA PRODUZIR UMA BOA ESPUMA EM MOLHOS E SOPAS.

INGREDIENTES

(para 6)

800 ml de Caldo de Frango (página 18) ou de Caldo de Legumes à la Nage (página 13)
250 g de feijão-branco pequeno deixado de molho por uma noite
1 cebola pequena descascada
1 cenoura descascada
1 bouquet garni fresco (página 18)
100 g de cogumelos selvagens frescos (fatiados, se forem grandes)
50 g de manteiga e mais uma bolinha de manteiga congelada para servir
1 ou 2 colheres (chá) de azeite de trufas
150 ml de creme de leite
algumas fatias de trufas frescas (opcional)
sal marinho e pimenta-do-reino moída na hora

1 Tenha à mão o caldo de frango ou de legumes. Escorra os feijões que estavam de molho e coloque-os em uma panela grande. Cubra-os com água fria até uma altura de aproximadamente 5 cm e adicione um pouco de sal. Acrescente a cebola, a cenoura e o bouquet garni e deixe levantar fervura.

2 Ferva durante 10 minutos e abaixe o fogo. Deixe cozinhar lentamente por mais 25 a 30 minutos, ou até que os feijões estejam macios.

3 Usando uma escumadeira, retire mais ou menos 100 g de feijões e reserve-os para a guarnição. Continue cozinhando o restante por mais 10 minutos ou até que estejam bem macios.

4 Escorra os feijões e descarte a cebola, a cenoura e o bouquet garni. Bata os feijões em um processador de alimentos ou liquidificador até obter um purê fino. Para obter a perfeição absoluta, aperte o purê contra uma peneira com a parte de trás de uma concha, mas isso não é essencial.

5 Limpe a panela e acrescente o caldo de frango ou o de legumes. Ferva durante 5 minutos para reduzir o líquido.

6 Para a guarnição, salteie brevemente os cogumelos na manteiga até que estejam cozidos. Acrescente então metade do azeite de trufas.

7 Usando um mixer, misture o caldo concentrado com o purê de feijão até obter uma consistência uniforme. Acrescente o creme de leite e o restante do azeite de trufas e bata mais um pouco.

8 Distribua os feijões e os cogumelos reservados em pratos de sopa aquecidos ou xícaras de cappuccino. Acerte o tempero e reaqueça a sopa até a fervura. Com o mixer, bata a manteiga congelada e espume a sopa.

9 Cubra os feijões e os cogumelos com a sopa e continue batendo para que ela não perca sua aparência leve. Se desejar, enfeite com as fatias finas de trufas frescas. Sirva imediatamente.

Espuma de lentilha com lagostim

ASSIM COMO NO CASO DOS FEIJÕES-BRANCOS, COM AS LENTILHAS É POSSÍVEL OBTER UMA SOPA FINA E LEVE. ALÉM DISSO, COMBINAM DIVINAMENTE COM LAGOSTINS. SIRVA ESTA SOPA EM PEQUENAS TIGELAS. IMEDIATAMENTE ANTES DE SERVIR, BATA-A COM UM MIXER PARA CRIAR O EFEITO DE ESPUMA QUE COSTUMO CHAMAR DE "CAPPUCCINO".

INGREDIENTES
(para 6)

150 g de lentilhas
1 cenoura pequena descascada
½ cebola descascada
1 bouquet garni grande e fresco (página 18)
1 litro de Caldo de Lagostim (página 15) ou Caldo de Peixe (página 14)
2 colheres de chá de creme de leite
1 colher de chá de azeite de trufas
um fio de azeite de oliva, para saltear
12 lagostins médios sem a casca e limpos
25 g de manteiga sem sal congelada cortada em cubos
ramos de cerefólio ou salsa
sal marinho e pimenta-do-reino moída na hora

1 Em uma peneira, lave muito bem as lentilhas com água corrente. Coloque-as em uma panela, cubra com água fria e acrescente a cenoura, a cebola e o bouquet garni.

2 Cozinhe em fogo alto até levantar fervura e depois em fogo baixo por aproximadamente 20 minutos ou até que fiquem bem macias. Escorra e descarte os legumes e o bouquet garni. Em um processador de alimentos ou liquidificador, bata as lentilhas até obter um purê fino e reserve.

3 Em uma panela, aqueça o caldo de lagosta ou de peixe e deixe levantar fervura. Derrame o caldo quente sobre o purê de lentilha e reaqueça-o somente até que comece a encorpar; então retire do fogo – caso contrário a mistura não formará a espuma típica com efeito de cappuccino depois. Adicione o creme de leite e o azeite de trufas.

4 Em uma frigideira, aqueça o azeite de oliva e salteie os lagostins por aproximadamente 3 minutos, virando sempre para dourá-los por inteiro. Distribua os lagostins em tigelas de sopa aquecidas.

5 Acerte o tempero e bata a sopa com um mixer, adicionando a manteiga em cubos aos poucos. Cubra os lagostins nas tigelas com a espuma, enfeite com ramos de salsa ou cerefólio e sirva imediatamente.

Sopa de agrião com ostras pochées

A SOPA DE AGRIÃO É IDEAL PARA TODAS AS ESTAÇÕES. TRATA-SE DE UM PRATO TÍPICO INGLÊS, SERVIDO QUENTE NO INVERNO OU LEVEMENTE RESFRIADO NO VERÃO. AQUI, SIRVO-A QUENTE E COM UM TOQUE DE LUXO CONFERIDO PELAS OSTRAS POCHÉES. FÁCIL, SIMPLES E ELEGANTE.

1 Corte os talos do agrião. Descarte-os e lave as folhas duas vezes. Escorra bem.

2 Em uma panela, coloque a água com sal para ferver. Aqueça o azeite em outra panela maior.

3 Quando o azeite estiver bem quente, acrescente cuidadosamente as folhas de agrião e mexa sempre, até murcharem.

4 Quando o agrião estiver reduzido a dois terços de seu volume inicial, acrescente as batatas e misture bem. Adicione a água fervente com sal da outra panela. Deixe ferver novamente e cozinhe em fogo baixo por 6 a 7 minutos, ou até que as batatas fiquem macias.

5 Bata as batatas e o líquido em um processador de alimentos ou liquidificador até obter um purê uniforme. Passe o purê em uma peneira, apertando-o com a parte de trás de uma concha. Se for continuar cozinhando, esfrie o purê o mais rápido possível, colocando a panela em uma tigela com água gelada. Isso ajuda a preservar a cor da sopa.

6 Antes de servir, abra as ostras (veja "Como abrir uma ostra", ao lado). Ferva lentamente, em uma panela pequena, o líquido das ostras que estava reservado. Acrescente as ostras e escalde por apenas 5 segundos, para que fiquem levemente cozidas.

7 Aqueça novamente o purê na panela, até levantar fervura. Disponha cada ostra em um prato de sopa aquecido. Acrescente o caldo de ostras ao purê, acerte o tempero da sopa e derrame-a sobre as ostras. Sirva imediatamente.

INGREDIENTES

(para 6)

800 g de agrião
1 litro de água fria
1 colher de sopa de sal
2 colheres de sopa de azeite de oliva
150 g de batatas cortadas em fatias finas
6 ostras médias ou grandes
pimenta-do-reino moída na hora

COMO ABRIR UMA OSTRA

UTILIZE SOMENTE OSTRAS BEM FECHADAS, POIS ISSO SIGNIFICA QUE ESTÃO FRESCAS. SEGURE COM FIRMEZA A OSTRA (EMBRULHADA EM UM PANO DE PRATO GROSSO PARA QUE NÃO ESCORREGUE) PELA PARTE SUPERIOR E CHATA DA CONCHA. INTRODUZA A PONTA DE UMA FACA ESPECIAL PARA OSTRAS OU DE UMA FACA PEQUENA DE LÂMINA FIRME COM PONTA FINA ENTRE A JUNÇÃO DAS DUAS CONCHAS. TORÇA A FACA ATÉ QUE A FRESTA SE ABRA E VOCÊ POSSA SEPARÁ-LAS. CORTE IMEDIATAMENTE O MÚSCULO QUE SEGURA A OSTRA CONTRA A CONCHA E VIRE A CARNE SOBRE UMA TOALHA DE PAPEL. RESERVE O LÍQUIDO DAS OSTRAS EM UMA XÍCARA PEQUENA.

Sopa de peixes à provençal

ESTA É UMA SOPA MAIS LEVE DO QUE A BOUILLABAISSE. CLÁSSICA DO SUL DA FRANÇA, PARECE SER FEITA EM QUALQUER LUGAR DA EUROPA ONDE SE POSSA COMPRAR UMA BOA VARIEDADE DE PEIXES PEQUENOS DO MEDITERRANEO. O SEGREDO É USAR A MAIOR VARIEDADE POSSÍVEL DE PEIXES. PARA ESTA RECEITA, VOCÊ PRECISARÁ DE UM PROCESSADOR DE ALIMENTOS RESISTENTE. SIRVA COM CROÛTONS FRESCOS (ADORO USAR MUITOS CROÛTONS), ROUILLE CASEIRA (PÁGINA 21) E BASTANTE QUEIJO GRUYÈRE. TRATA-SE DE UMA SOPA DE PESCADOR, PORTANTO COMA-A COM MUITO APETITE.

INGREDIENTES

(para 4)

1 kg de peixes mediterrâneos pequenos (Escolha entre bodião, robalo, peixe-escorpião, congro, enguia, peixe-galo, tamboril ou dourada.)
100 ml de azeite de oliva
150 g de cebola cortadas em pedaços grandes
1 cabeça de alho dividida ao meio
100 g de erva-doce picada em pedaços grossos
1 bouquet garni (página 18)
1 colher de sopa de açafrão
3 colheres de sopa de conhaque
3 colheres de sopa de vinho branco
200 g de tomates picados
1 litro de água fria
alguns ramos de manjericão
alguns ramos de salsa
sal marinho e pimenta-do-reino moída na hora

PARA A GUARNIÇÃO

1 x quantidade de Rouille (página 21)
1 baguete pequena e fina
óleo para fritar (opcional)
150 g de queijo gruyère ralado

1 Primeiro, prepare os peixes. Remova e descarte os olhos e as guelras (pois deixam o peixe com um sabor amargo), mas deixe as espinhas. Corte os peixes em pedaços pequenos.

2 Em uma panela grande, aqueça um terço do azeite e salteie nele a cebola, o alho, a erva-doce, o bouquet garni e o açafrão.

3 Enquanto isso, em uma frigideira grande, aqueça o restante do azeite e frite os pedaços de peixe durante 7 minutos, ou até que fiquem dourados. Coe e descarte o azeite.

4 Coloque o peixe na panela dos temperos e deglace com conhaque. Quando o conhaque ficar reduzido, adicione o vinho branco. Deixe ferver lenta e constantemente até que o líquido fique reduzido à quantidade de uma colher de sopa.

5 Acrescente os tomates, a água, o manjericão e os ramos de salsa. Deixe levantar fervura e espessar por 25 minutos, retirando toda a espuma com uma concha a cada 5 minutos.

6 Coe o conteúdo da panela com um coador colocado sobre uma tigela grande. Reserve o líquido coado. Reserve o peixe e os legumes no coador.

7 Descarte o alho e o bouquet garni. Bata o peixe e os legumes em um processador de alimentos, acrescentando um pouco do liquido reservado até obter uma consistência uniforme e leve.

8 Com a parte de trás de uma concha, pressione o purê contra uma peneira fina colocada sobre uma panela. Acrescente o líquido com conhaque reservado anteriormente e acerte o tempero. Reserve. Enquanto isso, prepare a guarnição de Rouille (página 21) e os croûtons.

9 Depois de feito o Rouille, é hora de preparar os croûtons. Corte a baguete em fatias bem finas e frite-as em óleo quente, virando-as para que fiquem douradas e crocantes, ou coloque-as no forno preaquecido a mais ou menos 180°C e torre por 15 a 20 minutos.

10 Antes de servir, reaqueça a sopa, enquanto espalha a Rouille nos croûtons. Sirva a sopa em tigelas grandes e aquecidas, salpicada com croûtons e gruyère ralado.

Sopa de trilha

A TRILHA FRESCA (TAINHA-VERMELHA) VEM SE TORNANDO CADA VEZ MAIS POPULAR, NÃO SÓ PELA SUA COR VIBRANTE, MAS TAMBÉM POR SEU EXCELENTE SABOR E TEXTURA. É ÓTIMA PARA SOPAS E, NO RESTAURANTE, A SERVIMOS COM UM POUCO DE TORTELLINI COM RECHEIO FEITO COM O PRÓPRIO FÍGADO DA TRILHA. COMPRE O PEIXE INTEIRO, SEM VÍSCERAS OU ESCAMAS. PEÇA PARA O PEIXEIRO SEPARAR OS FILÉS, E GUARDE AS CABEÇAS E AS ESPINHAS PARA PREPARAR A BASE DA SOPA.

INGREDIENTES

(para 4)

1 litro de Caldo de Peixe (página14)
4 trilhas pequenas (de aproximadamente 125 g) cortadas em filés (reserve as cabeças e as espinhas)
2 pitadas de açafrão
1 pitada de pimenta-de-caiena
um fio de azeite de oliva para saltear
2 echalotes fatiadas
½ aipo picado em pedaços grandes
1 bulbo médio de erva-doce picado em pedaços grandes
2 dentes de alho com casca
100 g de tomates picados em pedaços grandes
1 colher (chá) de Pernod
um pouco de suco de limão-siciliano
sal marinho e pimenta-branca moída na hora

PARA A GUARNIÇÃO

1 cenoura pequena cortada à julienne, em tiras finas
1 abobrinha pequena cortada à julienne, em tiras finas

1 Tenha à mão o caldo de peixe pronto. Lave os filés de trilha, as cabeças e as espinhas com água fria. Seque com papel-toalha e remova todas as espinhas menores com pinças próprias para isso.

2 Polvilhe os filés com açafrão e pimenta-de-caiena, cubra-os com papel-filme e deixe marinar por 2 horas em um lugar fresco ou na geladeira.

3 Salteie as cabeças de peixe e as espinhas com um pouco de azeite em uma panela grande durante 5 minutos, ou até que dourem.

4 Adicione os legumes e o tomate e cozinhe por mais 5 minutos. Acrescente o Pernod e cozinhe até que evapore.

5 Adicione caldo de peixe suficiente para cobrir o conteúdo da panela. Deixe levantar fervura em fogo baixo. Abaixe o fogo para o mínimo e cozinhe por 30 minutos.

6 Em um processador de alimentos ou liquidificador, bata o conteúdo da panela até obter uma consistência uniforme. Coe primeiro em um coador fino e depois em um escorredor de macarrão forrado com um pano de musselina molhado ou com um pano de prato limpo e fino. Depois de coar você terá uma sopa bem clara. Reserve.

7 Escalde a cenoura e a abobrinha em tiras em água fervente com um pouco de sal. Depois, escorra e esfrie com água gelada. Escorra novamente e reserve.

8 Quase antes de servir, frite no azeite os filés de trilha, com a pele para baixo, durante 2 minutos ou até que dourem; depois, vire cuidadosamente e cozinhe o outro lado por apenas 30 segundos.

9 Reaqueça a sopa até levantar fervura. Tempere com suco de limão, sal e pimenta. Cubra lentamente os filés fritos de trilha no fundo dos pratos com a sopa clara e quente. Decore com as tiras de cenoura e de abobrinha. Sirva imediatamente.

Sopa de abóbora com vieiras

ESTA É UMA SOPA GLORIOSA DE SERVIR A UM GRUPO SELETO. O IDEAL É PREPARAR A SOPA COM CALDO DE PEIXE, QUE COMBINA COM A GUARNIÇÃO DE VIEIRAS. SE NÃO FOR POSSÍVEL, USE CALDO DE FRANGO OU CALDO DE LEGUMES À LA NAGE.

1 Tenha à mão o caldo de peixe pronto. Corte a abóbora em quatro partes, descasque-a e remova todas as sementes. Corte o peixe em pedaços de 1 cm.

2 Em uma panela grande, aqueça metade do azeite e adicione a abóbora picada, mexendo bem para cobri-la com o azeite por igual. Tampe e sue lentamente a polpa por 10 a 12 minutos, ou até que comece a ficar macia e dourada.

3 Adicione o caldo de peixe, espere levantar fervura e cozinhe durante 15 minutos, mexendo de vez em quando. Acrescente o queijo parmesão e cozinhe por mais 5 minutos. Retire do fogo.

4 Em um processador de alimentos ou em um liquidificador, bata o conteúdo da panela até obter a consistência de um purê. Coe o purê numa peneira fina colocada sobre uma panela, apertando com a parte de trás de uma concha ou uma colher de pau até que fique com a consistência uniforme e aveludada. Se parecer um pouco espesso, adicione mais caldo ou água para que fique um pouco mais ralo. Acerte o tempero, se necessário.

5 Branqueie o espinafre rapidamente com um pouco de água fervente e escorra bem, secando as folhas com um pano de prato limpo.

6 Aqueça o restante do azeite em uma frigideira grande e de fundo resistente e "torre" as vieiras por 2 minutos de cada lado ou até que fiquem bem douradas. Retire-as da panela e corte-as pela metade com uma faca afiada.

7 Distribua as vieiras e as folhas de espinafre nas tigelas de sopa. Reaqueça a sopa, adicionando gradualmente a manteiga e o creme de leite. Acerte o tempero.

8 Quando a sopa estiver prestes a ferver, despeje-a sobre as vieiras e o espinafre e polvilhe o cerefólio. Sirva imediatamente.

INGREDIENTES

(para 8)

1 litro de Caldo de Peixe (página 14)
2,5 kg de abóbora
50 ml de azeite de oliva
85 g de queijo parmesão ralado na hora
100 g de minifolhas de espinafre
8 vieiras sem as conchas, cortadas e lavadas (abaixo)
25 g de manteiga
100 ml de creme de leite
1 colher de sopa de cerefólio picado
sal marinho e pimenta-do-reino moída na hora

COMO ABRIR UMA VIEIRA

SEGURE FIRME A VIEIRA, EMBRULHADA EM UM PANO DE PRATO GROSSO PARA QUE ELA NÃO ESCORREGUE. COM UMA FACA DE LÂMINA FIRME E CURTA, FAÇA UMA INCISÃO NO PONTO DE JUNÇÃO ENTRE AS DUAS CONCHAS E SEPARE-AS. DESCARTE A CONCHA SUPERIOR, DESLIZE A FACA SOB O MÚSCULO PARA SOLTÁ-LA E DESCARTE A CONCHA DE BAIXO. REMOVA A MEMBRANA RUGOSA E O INTESTINO ESCURO. DESCARTE O CORAL ROSADO OU UTILIZE-O PARA FAZER PÓ DE CORAL DE VIEIRAS (PÁGINA 56). LAVE A CARNE DA VIEIRA, CUBRA COM PAPEL-FILME E RESFRIE ATÉ O MOMENTO DE UTILIZAR.

Sopa de mexilhão com pimentão vermelho

ESTA É UMA SOPA DELICIOSA, LEVE E CLARA, PARA SER SERVIDA QUENTE NOS MESES GELADOS DO INVERNO OU FRIA NOS DIAS QUENTES E DESPREOCUPADOS DO VERÃO.

1 Tenha à mão o caldo de peixe.

2 Lave os mexilhões três vezes com água fria, esfregando, se necessário, para retirar todos os bissos. Aqueça uma panela grande e acrescente todos os mexilhões, dois terços do vinho e o bouquet garni. Tampe e agite bem a panela. Cozinhe, virando os mexilhões uma vez, até que suas conchas se abram – aproximadamente 5 minutos. Descarte todos os que permanecerem fechados.

3 Retire do fogo e coe. Reserve o líquido (aproximadamente 500 ml ao final). Retire os mexilhões das conchas. Reserve mais ou menos um terço dos mexilhões para a guarnição e descarte as conchas.

4 Em outra panela grande, aqueça o azeite e sue as echalotes, o aipo, o alho-poró, o alho e a batata até que fiquem levemente dourados – de 5 a 7 minutos.

5 Acrescente os mexilhões que não serão usados na guarnição e os tomates, e cozinhe por mais 4 minutos. Deglace com o restante do vinho e cozinhe até reduzir pela metade.

6 Adicione o açafrão, o Pernod, 1,4 litro de caldo de peixe e o líquido do mexilhão previamente reservado. Espere levantar fervura, abaixe o fogo e cozinhe por mais 15 a 18 minutos.

7 Em um processador de alimentos ou em um liquidificador, faça um purê com os ingredientes. Passe por uma peneira fina, apertando com a parte de trás de uma concha, e reserve.

8 Para a guarnição, cozinhe os pimentões fatiados com um pouco de água fervente com sal durante aproximadamente 2 minutos e escorra. Reaqueça os mexilhões reservados no restante do caldo de peixe e escorra.

9 Reaqueça a sopa quase até a fervura. Adicione o creme de leite e acerte o tempero. Coloque os mexilhões inteiros reservados e os pimentões picados no fundo de tigelas de sopa aquecidas. Cubra-os com a sopa e sirva imediatamente.

INGREDIENTES

(para 4-6)

1,5 litro de Caldo de Peixe (página 14)
2 kg de mexilhões frescos com as conchas bem fechadas
200 ml de vinho branco seco
1 bouquet garni (página 18)
3 colheres de sopa de azeite de oliva
2 echalotes picadas em pedaços grossos
1 talo de aipo fatiado
1 alho-poró fatiado (só a parte branca)
2 dentes de alho descascados e socados
1 batata grande (de aproximadamente 250 g) descascada e picada
4 tomates picados
um punhado de açafrão
1 colher de sopa de Pernod
100 ml de creme de leite
sal marinho e pimenta-do-reino m§da na hora

PARA A GUARNIÇÃO

100 g de pimentão vermelho cortado em fatias finas
100 g de pimentão amarelo cortado em fatias finas

Sopa de lagosta com legumes

GOSTO DE PASSAR MINHAS FÉRIAS NO SUL DA FRANÇA, NÃO SÓ PARA RELAXAR, MAS TAMBÉM PARA BUSCAR INSPIRAÇÃO NA CUISINE LOCAL. ESTE É UM TIPO MUITO DIFERENTE DE BISQUE DE LAGOSTA – QUASE UM PRATO PRINCIPAL – QUE CONHECI NO LITORAL MEDITERRÂNEO FRANCÊS. O IDEAL É SERVI-LO NO VERÃO. JÁ QUE VOCÊ PRECISARÁ DE QUATRO LAGOSTAS, É MAIS ADEQUADO SERVI-LO EM UMA REFEIÇÃO ESPECIAL. SE DESEJAR COMPRAR AS LAGOSTAS JÁ COZIDAS, NÃO É NECESSÁRIO COZINHÁ-LAS NO COURT-BOUILLON (PASSO 4).

INGREDIENTES
(para 4)

1 litro de caldo de lagosta, feito seguindo a receita de Caldo de Lagostim (página 15) e substituindo as cascas das lagostas
3 litros de Court-bouillon (página 16)
100 ml de Vinagrete Básico para Salada (página 19)
100 ml de creme de leite
1 colher de sopa de estragão e de manjericão picados
100 g de minicenouras cortadas
100 g de alhos-porós miúdos sem as folhas externas
100 g de favas em vagem (ou descongeladas)
100 g de ervilhas verdes sem casca (ou descongeladas)
100 g de minicebolas descascadas
50 g de cogumelos picados
manteiga para saltear
suco de limão-siciliano
4 lagostas frescas vivas, pesando de 350 a 500 g cada uma
sal marinho e pimenta-do-reino moída na hora

PARA A GUARNIÇÃO
ramos de salsa de folha achatada e estragão

1 Tenha à mão o caldo de lagosta, o court-bouillon e o vinagrete básico para saladas. Ferva o caldo de lagosta até que ele reduza em dois terços, obtendo aproximadamente 350 ml. Acrescente o creme de leite e as ervas picadas. Tempere e reserve, deixando as ervas imersas no líquido do cozimento. Quando esfriar, coe com um coador fino e resfrie.

2 Enquanto isso, branqueie todos os legumes, exceto os cogumelos, em uma panela grande e tampada com água fervente com sal, por 3 minutos. Escorra bem e misture o vinagrete básico para salada com o líquido ainda quente. Deixe esfriar.

3 Sue os cogumelos na manteiga por aproximadamente 2 minutos. Acrescente o suco de limão e misture. Reserve para esfriar.

4 Em um caldeirão ou panela grande, ferva o court-bouillon. Acrescente as lagostas e cozinhe por 5 ou 6 minutos. Deixe esfriar e apenas no momento de servir retire-as do caldo.

5 Corte as lagostas ao meio e retire a carne da carapaça e as pinças, de preferência em pedaços inteiros.

6 Distribua a sopa de lagostas levemente resfriada em tigelas grandes e largas. Fatie a carne da lagosta e disponha no centro das tigelas. Decore ao redor da parte exterior com os legumes reservados e os ramos de salsa e de estragão.

Sopa de ostras e vieiras

ÀS VEZES, EM VEZ DE IMERGIR OS INGREDIENTES NA SOPA, GOSTO DE ACRESCENTÁ-LOS POR CIMA DO PRATO JÁ PRONTO – NESTE CASO, COM UMA PORÇÃO DE TAGLIATELLE CASEIRO –, PARA QUE RETENHAM SEUS SABORES DISTINTOS, SERVINDO O LÍQUIDO COMO UM MOLHO LEVE. NO AUBERGINE, SERVIMOS ESTA SOPA COM GUARNIÇÃO DE CAVIAR.

INGREDIENTES
(para 4)

150 ml de Caldo de Peixe (página 14) e um pouco mais para escaldar
250 ml de Velouté de Peixe (página 14)
100 g de Tagliatelle caseiro (página 29) ou comprado pronto, desde que fresco
½ pepino descascado
4 ostras grandes sem as conchas e com o líquido reservado (página 36)
2 vieiras grandes sem as conchas, cortadas e lavadas (página 40)
suco de ½ limão-siciliano
2 colheres de sopa de cebolinha bem picada
uma bolinha de manteiga
sal marinho e pimenta-do-reino moída na hora

1 Tenha à mão o caldo e o velouté de peixe e o tagliatelle caseiro.

2 Corte o pepino em pedaços de 5 cm. Coloque o pedaço na vertical e retire os quatro cantos ao redor das sementes. Descarte as sementes. Corte cada pedaço em fatias finas, à julienne, e reserve.

3 Escalde o pepino em um pouco de caldo de peixe – o suficiente para cobri-lo – durante 3 minutos. Escorra e mantenha-o aquecido.

4 Em uma panela grande e de fundo resistente, cozinhe o restante do caldo e do velouté de peixe até levantar fervura. Adicione o líquido das ostras previamente reservado. Abaixe o fogo e ferva lentamente por aproximadamente 30 segundos. Acrescente as vieiras e cozinhe por mais 30 segundos. Adicione o suco de limão, a cebolinha e o tempero. Prove. Reserve em um lugar aquecido.

5 Cozinhe o tagliatelle caseiro com um pouco de água fervente. Adicione a manteiga quando ele estiver quase macio – 2 ou 3 minutos. Se estiver usando a massa comprada pronta, siga as instruções da embalagem. Escorra, erga um quarto da massa com um garfo e enrole-a.

6 Coloque o tagliatelle enrolado no centro de uma tigela de sopa grande e aquecida, e distribua alguns pepinos por cima. Repita com as outras tigelas.

7 Retire as ostras e as vieiras do líquido com uma escumadeira e arrume-as ao redor da massa. Ferva novamente a sopa e coloque-a sobre os moluscos. Sirva imediatamente.

Gazpacho de pepino

UMA DE NOSSSAS SOPAS MAIS POPULARES. SERVIMOS FRIA, COMO UMA *AMUSE-GUEULE*, EM PEQUENAS XÍCARAS *DEMITASSE* ANTES DAS ENTRADAS DE UMA REFEIÇÃO. TAMBÉM PODE SER SERVIDA EM GRANDES PORÇÕES, ACOMPANHADA DE UM POUCO DE CAVIAR, CAMARÕES GRANDES OU CARANGUEJOS EM LASCAS COZIDOS. O SABOR PRINCIPAL DO PEPINO É ACENTUADO PELA RAIZ-FORTE. PODE-SE ENCONTRAR RAIZ-FORTE EM ALGUMAS LOJAS ESPECIALIZADAS OU VOCÊ MESMO PODE PLANTÁ-LA. COMECE A FAZER A SOPA COM UM DIA DE ANTECEDÊNCIA.

INGREDIENTES

(para 6-8)

300 ml de Caldo de Legumes à la Nage (página 13)
4 pepinos inteiros
200 ml de creme de leite
100 g de raiz-forte fresca ralada ou 3 colheres de sopa de relish de raiz-forte
2 colheres de sopa de manjericão, estragão, cerefólio e cebolinha picados
150 g de queijo mascarpone
suco de limão-siciliano
2 colheres de sopa de pasta de raiz-forte
sal marinho e pimenta-do-reino moída na hora

1 Tenha à mão o caldo de legumes.

2 Descasque os pepinos, corte-os verticalmente na metade e retire as sementes com uma colher. Pique metade do pepino em cubos pequenos para a guarnição. Tampe e leve à geladeira.

3 Corte o restante do pepino em fatias finas e marine por 24 horas em uma tigela grande com o caldo de legumes, o creme de leite, a raiz-forte fresca ou o relish de raiz forte e metade das ervas.

4 Em um processador de alimentos ou em um liquidificador, bata a mistura até obter a consistência de um purê uniforme (pode ser necessário fazer isso em duas porções). Depois, coe o purê em uma peneira fina sobre uma tigela grande, apertando com a parte de trás de uma concha ou colher de pau.

5 Bata 1 xícara do purê com o queijo mascarpone até obter uma consistência uniforme. Depois, misture com o restante do purê de pepino. Acerte o tempero, adicionando uma boa quantidade de suco de limão. Acrescente a pasta de raiz-forte. Resfrie a sopa por no mínimo 6 ou 8 horas antes de servir.

6 Sirva a sopa decorada com o pepino picado previamente reservado e o restante das ervas.

Velouté de alcachofra com foie gras

A NOBRE ALCACHOFRA É EXTREMAMENTE VERSÁTIL. EM PARIS, COMI ALCACHOFRAS REFOGADAS COM COXAS DE FAISÃO. FICAM ESPECIALMENTE SABOROSAS ACOMPANHADAS DE COGUMELOS SALTEADOS. AQUI USEI UMA RÚSTICA SOPA-BASE E ADICIONEI A SOFISTICAÇÃO DO FOIE GRAS E DO RAVIÓLI DE COGUMELOS. SE VOCÊ QUISER PREPARAR RAVIÓLIS (PASSOS 5-6), SIMPLESMENTE DECORE O VELOUTÉ COM COGUMELOS FATIADOS E SALTEADOS. OS VEGETARIANOS PODEM USAR CALDO DE LEGUMES À LA NAGE NO LUGAR DO CALDO DE FRANGO E DISPENSAR O FOIE GRAS.

INGREDIENTES

(para 6)

800 ml de Caldo de Frango (página 18) ou Caldo de Legumes à la Nage (página13)
6 alcachofras grandes
suco de ½ limão-siciliano
50 ml de azeite de oliva
100 g de echalotes cortadas em fatias finas
1 bouquet garni (página 18)
2 colheres de sopa de vinho branco
20 g de foie gras fresco ou enlatado
100 ml de creme de leite
sal marinho e pimenta-do-reino moída na hora

PARA O RAVIÓLI

150 g de Massa de Macarrão caseira (página 27)
150 g de cogumelos frescos (ou uma mistura de cogumelos portobello, shiitake e shimeji)
50 g de manteiga (mais uma bolinha, ao requentar)
2 colheres de sopa de cerefólio picado
1 ovo batido com um pouco de sal e 2 colheres de sopa de água

1 Tenha à mão o caldo de frango ou o caldo de legumes.

2 Remova os cabos das flores e retire as folhas das alcachofras, cortando em direção ao fundo (coração). Remova e descarte os miolos fibrosos e fatie os fundos. Coloque as fatias em um recipiente com água fria e com suco de limão para que elas não escureçam. Antes de saltear as alcachofras, escorra bem e seque-as.

3 Em uma panela grande, aqueça o azeite e salteie lentamente as fatias de alcachofra e as echalotes, juntamente com o bouquet garni, até que os legumes dourem e comecem a caramelizar – aproximadamente 8 a10 minutos.

4 Deglace a panela com o vinho branco e, quando tiver evaporado, adicione o caldo de frango ou o caldo de legumes. Em um processador de alimentos ou em um liquidificador, bata a mistura até obter a consistência de um purê. Pressione com a parte de trás de uma concha contra um coador fino. Reserve. Deixe esfriar.

5 Faça os raviólis. Corte 6 fatias grandes de cogumelos, para a guarnição, e corte o restante deles em fatias bem finas. Derreta a manteiga em uma frigideira, salteie rapidamente as fatias grandes, retire da frigideira e reserve. Adicione o restante dos cogumelos picados à panela e salteie até que fiquem macios – aproximadamente 5 minutos. Tempere bem, acrescente o cerefólio, escorra e deixe esfriar. Faça 6 bolinhas com a mistura e reserve.

6 Ajuste sua máquina de fazer macarrão para o corte mais fino. Para fazer os raviólis, corte 12 círculos de 9 cm e, em cada par de círculos, coloque uma bolinha de recheio. Use a mistura de ovos batidos para fechar bem as bordas. (Para o método completo, consulte a página 29). Branqueie e esfrie com água gelada (página 28).

7 Para servir, reaqueça a sopa e acrescente o foie gras e o creme de leite. Mexa até que fique uniforme. Acerte o tempero.

8 Reaqueça os raviólis em uma panela com um pouco de água e a bolinha de manteiga. Coloque a sopa em tigelas aquecidas, disponha os raviólis no centro e enfeite com as fatias de cogumelos.

Consomê de tomate com ravióli de manjericão

USE TOMATES MADUROS, GRANDES E CHEIOS DE SABOR. SERVIMOS ESTA SOPA LEVE E DELICIOSA QUENTE, COM PEQUENOS RAVIÓLIS DE MANJERICÃO SOBRE O LÍQUIDO CLARO E LUMINOSO. FINALIZAMOS GUARNECENDO COM FATIAS DE COGUMELOS E CONCASSÉ DE TOMATE. VOCÊ TAMBÉM PODE SERVIR ESTE CONSOMÊ FRIO, SEM OS RAVIÓLIS E ENFEITADO COM CUBINHOS DE MOZZARELA. DE QUALQUER FORMA, ENSINO AQUI COMO FAZER O SABOROSO RAVIÓLI (PASSOS 7-8), PORQUE FAZÊ-LO É UMA BOA FORMA DE REUTILIZAR SOBRAS DE MASSA DE MACARRÃO.

INGREDIENTES

(para 6)

- **2 echalotes grandes cortadas em fatias finas**
- **50 ml de azeite de oliva, mais um fio para saltear os cogumelos**
- **1 kg de tomates bem vermelhos e bem maduros picados grosseiramente**
- **2 dentes de alho cortados em fatias finas**
- **1 colher de sopa de sal marinho e açúcar**
- **1 colher de sopa de manjericão, estragão e cerefólio picados**
- **1 litro de água fria**
- **ramos de manjericão e de estragão**
- **4 claras de ovo**
- **6 grãos de pimenta-branca**
- **6 grãos de pimenta-do-reino**

PARA OS RAVIÓLIS (OPCIONAL)

- **100 g de Massa de Macarrão caseira (página 27)**
- **50 g de folhas de manjericão**
- **um fio de azeite de oliva para umedecer**
- **1 gema de ovo batida com um pouco de sal e 2 colheres de sopa de água**

PARA A GUARNIÇÃO

- **50 g de cogumelos cortados em fatias finas, à julienne**
- **100 g de Concassé de Tomate (página 97)**
- **1 colher de sopa de folhas pequenas e inteiras de manjericão, estragão e cerefólio**

1 Em uma panela grande e de fundo resistente, sue as echalotes no azeite em fogo bem baixo por 5 ou 6 minutos, até que comecem a dourar.

2 Adicione 800 g de tomates e cozinhe por mais 10 minutos. Acrescente o alho, o sal, o açúcar e as ervas picadas.

3 Acrescente a água e espere levantar fervura. Retire a espuma com uma colher grande ou uma concha, até clarear a superfície. Ferva lentamente por aproximadamente 15 minutos.

4 Forre um escorredor de macarrão com um pedaço grande de musselina molhada ou um pano de prato limpo, sobre uma panela grande. Coe, apertando os legumes com a parte de trás de uma concha, para extrair o máximo possível de líquido. Descarte os legumes e resfrie o líquido o mais rápido que puder, mergulhando a panela em uma pia cheia de água gelada. Lave o pano para reutilizá-lo.

5 Bata o restante dos tomates com os ramos de manjericão e de estragão, as claras e os grãos de pimenta em um processador de alimentos e coloque a mistura na panela junto com o líquido do tomate já frio.

6 Para clarear o líquido, cozinhe lentamente até levantar fervura. Abaixe o fogo e deixe ferver por 15 minutos, até que o caldo fique mais claro. Forre o coador com a musselina ou com o pano de prato sobre uma tigela ou recipiente grande. Coe cuidadosamente o caldo, com a ajuda de uma concha. Esfrie novamente o consomê o mais rápido possível.

7 Se desejar fazer os raviólis de manjericão para servir com a versão quente, prepare a massa com antecedência. Usando um processador de alimentos ou um pilão, bata as folhas de manjericão com um fio de azeite até obter uma pasta fina. Coloque esse patê no saco de confeiteiro com um bico de 5 mm. Leve o saco de confeiteiro à geladeira para resfriar.

8 Estique a massa do modo mais fino possível (passos 2-3, página 27). Com o saco de confeiteiro, faça pequenas bolas de patê de manjericão em intervalos de 3 cm, para que formem filas retas em uma metade da massa esticada. É possível fazer até 8 raviólis por porção.

9 Pincele cuidadosamente a mistura de ovo batido no espaço entre as bolinhas →

de recheio. Dobre a outra metade da massa e pressione com os dedos as bordas de massa ao redor dos recheios. Use a ponta de um bico reto de 2 cm de um saco de confeiteiro para cortar os raviólis.

10 Branqueie os raviólis por apenas 10 segundos em água fervente. Mergulhe-os em água fria para impedir o cozimento, escorra e reserve.

11 Aqueça o restante do azeite em uma frigideira e salteie os cogumelos até que fiquem macios. Seque com papel-toalha.

12 Se desejar servir a sopa quente, reaqueça o consomê e adicione os raviólis, caso os tenha preparado. Coloque em tigelas de sopa aquecidas e enfeite com os cogumelos cortados à julienne, o concassé de tomate e as ervas.

13 Para servir frio, sem os raviólis, resfrie brevemente os cogumelos salteados e sirva como guarnição, com o concassé de tomate e as ervas.

Sopa de brócolis com ravióli de queijo-de-cabra

OS INGREDIENTES DA SOPA PODEM PARECER FRUSTRANTES E SEM-GRAÇA – BRÓCOLIS, ÁGUA, SAL E UM POUCO DE CREME DE LEITE –, MAS É A TÉCNICA QUE FAZ ESTA VIBRANTE SOPA VERDE TÃO SUBLIME. E O SEU PREPARO É MUITO SIMPLES. PARA A GUARNIÇÃO, FAÇA UMA GRANDE QUANTIDADE DE MINI-RAVIÓLIS RECHEADOS COM QUEIJO-DE-CABRA CREMOSO (PASSOS 6-9 E 11) OU, PARA UMA GUARNIÇÃO MAIS SIMPLES, PREPARE QUENELLES (PÁGINA 173) COM A MISTURA DE QUEIJO-DE-CABRA E DISPONHA-AS SOBRE A SOPA. SEJA QUAL FOR SUA OPÇÃO, A GUARNIÇÃO PÁLIDA PARECE DELICIOSA EM CONTRASTE COM A SOPA COLORIDA.

INGREDIENTES

(para 6)

2 kg de brócolis (somente as flores)
1,5 litro de água fria
4 colheres de sopa de sal marinho
120 ml de creme de leite
pimenta-do-reino moída na hora

PARA OS RAVIÓLIS

150 g de Massa de Macarrão caseira (página 27)
75 g de queijo-de-cabra mole (ex.: crottin)
2 colheres de sopa de queijo mascarpone
1 gema de ovo batida com uma pitada de sal e 2 colheres (sopa) de água

1 Corte as flores dos brócolis. Isto é muito importante: retire todos os talos, deixando apenas os 2 centímetros finais. O peso final das flores deve ser 800 gramas.

2 Deixe a água ferver bem com um pouco de sal. Acrescente as flores e cozinhe por 10 minutos.

3 Escorra, mas reserve a água. Isso é essencial! Retorne as flores à panela e aqueça durante 2 ou 3 minutos para secá-las, balançando frequentemente a panela. Este também é um estágio importante.

4 Bata as flores em um processador de alimentos ou liquidificador. Adicione aos poucos a água reservada do cozimento, uma concha por vez. Desligue a máquina uma ou duas vezes para raspar as bordas. Continue até obter um purê bastante uniforme, brilhante e aveludado. Se desejar, faça isso em duas ou três porções. O purê deve ter a textura de uma manteiga mole e derretida, com brilho e sem nenhum caroço.

5 Acrescente mais um pouco da água reservada para que fique um pouco mais ralo e coe o purê em um coador fino. Reserve, junto com o restante da água reservada, para que esfrie.

6 Se fizer os raviólis, deixe a massa pronta e estique, deixando-a bem fina (veja Ravióli, passos 1-2, página 29).

7 Bata o queijo-de-cabra e o mascarpone juntos até obter uma consistência uniforme. Depois, coloque a pasta em um saco de confeiteiro com um bico reto de 5 mm. Faça pequenas bolinhas de recheio na metade da massa com intervalos de 2,5 cm. Não coloque muito recheio – cada bolinha deve ter o tamanho de uma bala.

8 Com um pincel, pincele a mistura de ovos batidos nos espaços entre as bolinhas de recheio. Dobre a outra metade da massa sobre a parte com o recheio de queijo-de-cabra.

9 Com a ponta de um bico reto de 2 cm de um saco de confeiteiro, corte os raviólis. Pressione bem o bico na massa, pois isso ajuda a fechar as camadas. Com uma espátula, retire os raviólis e reserve.

10 Imediatamente antes de servir, ferva o purê de brócolis. Adicione lentamente três quartos do líquido reservado do cozimento e misture o creme de leite. Acerte o tempero e a consistência. Se desejar uma sopa mais rala, acrescente mais quantidade da água reservada. Mantenha a sopa aquecida.

11 Mergulhe os raviólis em uma panela com água fervente e levemente salgada. Deixe-os ferver por 20 segundos. Com a escumadeira, retire-os e coloque-os em tigelas de sopa aquecidas. Cubra-os com a sopa quente e sirva imediatamente.

Entradas

A entrada talvez seja a parte que mais influencia uma refeição. É a hora em que o chef apresenta o jantar em seu estilo e prepara o terreno para o que virá a seguir. Se a entrada for estimulante, você ficará intrigado. Se ela for brilhante, você saberá que o prato principal será ainda melhor – o que ocorre em 9 de 10 casos.

Pessoalmente, minhas entradas favoritas são peixes leves e terrinas de legumes (ou, como prefiro chamá-las, mosaicos). Tome como exemplo a Salada de Lagostim Sauté e Berinjela Cristalizada (página 54): é um prato engenhoso – um casamento abençoado e feliz entre lagostins roliços tostados e Concassé de Tomate (página 97), fresco e saboroso, coberto com fatias finas de berinjelas salpicadas com açúcar e assadas, com uma leve crocância.

Meus mosaicos de verão podem parecer assustadoramente difíceis de fazer, mas tranquilize-se: eles são fáceis! É simplesmente uma questão de montar alguns ingredientes de primeira qualidade combinados com a pedra fundamental de um bom caldo. Adoro fazer mosaicos; fico explodindo de entusiasmo ao produzi-los e ao cortar a primeira fatia rapidamente. Como vai ficar? Que figura vai se formar no prato?

Salada de lagostim sauté e berinjela cristalizada

ESTE PRATO CONTÉM DOIS EXEMPLOS DO MEU ESTILO ORIGINAL DE COZINHAR: A ESPETACULAR COBERTURA ROSADA DE LAGOSTINS FRESCOS FRITOS, QUE VÊM DE PEQUENOS SACOS VERDES, CHAMADOS DE "CORAL", ENCONTRADOS NAS CABEÇAS DE LAGOSTAS VIVAS, E A COBERTURA CROCANTE DE FATIAS DE BERINJELA CRISTALIZADAS. ELES SÃO SERVIDOS EM UM CÍRCULO DE MOLHO PROVENÇAL FRESCO E DISPOSTOS AO REDOR DE UMA SALADINHA DE FOLHAS. CHEIOS DE SABOR E UM PRESENTE PARA OS OLHOS, OS LAGOSTINS PODEM SER PREPARADOS, SE NECESSÁRIO, SEM A COBERTURA.

INGREDIENTES

(para 2)

2 colheres de sopa de Vinagrete Básico para Saladas (página 19)
16 Fatias de Berinjela Cristalizadas (página 180)
aproximadamente 100 g de salada de folhas (abaixo)
2 ramos de cerefólio
16 lagostins frescos descascados e sem as nervuras
2 colheres de sopa de "coral" de lagostas (fígado/pâncreas)
2 colheres de sopa de azeite de oliva

PARA O MOLHO PROVENÇAL

½ tomate sem pele e sem sementes
1 colher de sopa de azeitonas pretas sem caroço cortadas em fatias finas
½ colher de sopa de manjericão e estragão picados
suco de limão-siciliano
sal marinho e pimenta-do-reino moída na hora

1 Tenha à mão o vinagrete básico para saladas. Prepare também as berinjelas cristalizadas e mantenha-as aquecidas.
2 Prepare a salada de folhas. Pique as folhas de cerefólio e misture-as à salada. Reserve.
3 Para fazer o molho provençal, corte o tomate sem pele em pequenos cubos e misture com as azeitonas, o manjericão, o estragão, o suco de limão e os temperos. Aqueça tudo em uma panela pequena até que fique morno, mas não quente.
4 Misture os lagostins ao "coral" de lagostas.
5 Frite os lagostins no azeite bem quente durante 2 minutos, mexendo até que fiquem levemente cozidos e bastante rosados.
6 Misture a salada de folhas com o vinagrete básico. Arrume-a em pequenas porções no centro de cada prato e disponha o molho provençal aquecido ao redor. Sobre o molho, coloque 8 lagostins em forma de círculo. Cubra cada lagostim com uma fatia de berinjela cristalizada e sirva imediatamente.

SALADA DE FOLHAS

PRESTO ATENÇÃO ESPECIAL À SALADA VERDE. NO AUBERGINE, QUALQUER FOLHA VELHA É DESCARTADA. USAMOS UMA MISTURA DE RÚCULA, ALFACE FRISÉE, ALFACE ROXA E OUTRAS, ESCOLHENDO E USANDO APENAS AS PONTAS NOVAS E MACIAS. ELAS DEVEM SER LAVADAS COM CUIDADO, SECAS EM UMA CENTRÍFUGA PARA SALADAS E COLOCADAS EM TIGELAS, COBERTAS COM PAPEL-FILME E MANTIDAS NA GELADEIRA ATÉ O MOMENTO DA UTILIZAÇÃO.

Vieiras com erva-doce e creme de gengibre

AS MELHORES VIEIRAS SÃO AS ESCOLHIDAS POR MERGULHADORES, POIS NÃO TRAZEM AREIA, AO CONTRÁRIO DAS PESCADAS COM REDE. VERIFIQUE SE ELAS ESTÃO BEM FECHADAS, PORQUE ISSO INDICA QUE ESTÃO FRESCAS. ESTA RECEITA NÃO USA O CORAL DAS VIEIRAS, MAS NÃO O JOGUE FORA: ELE PODE SER TORRADO E TRANSFORMADO EM UM PÓ PARA CONDIMENTAR RISOTOS E MOLHOS (PÁGINA 56).

INGREDIENTES

(para 4)

450 ml de Velouté de Peixe (página 14)
4 colheres de sopa de Caldo de Peixe (página 14)
100 g de gengibre fresco ralado
2 bulbos de erva-doce médios fatiados
100 g de echalotes fatiadas
6 colheres de sopa de azeite de oliva
2 colheres de sopa de vinho branco
80 ml de creme de leite
suco de limão-siciliano
6 vieiras preparadas (com aproximadamente 25 g cada uma), cortadas verticalmente ao meio (página 40)
sal marinho

1 Tenha à mão o velouté e o caldo de peixe. Adicione o gengibre ao velouté de peixe e deixe em infusão por alguns minutos. Coe e retorne o velouté para a panela. Reserve.

2 Coloque a erva-doce, as echalotes e metade do azeite em uma frigideira. Aqueça até que chie. Tampe e abaixe o fogo. Sue os legumes lentamente por 12 minutos até que fiquem macios. Balance a panela de vez em quando e não deixe que dourem.

3 Adicione o vinho, aumente um pouco o fogo e cozinhe, com a panela destampada, até ele evaporar. Acrescente o caldo de peixe e ferva até reduzir pela metade e ficar com a consistência de um xarope.

4 Adicione o creme de leite e cozinhe por mais 3 ou 4 minutos. Bata a mistura em um processador de alimentos ou em um liquidificador até que vire um purê de consistência uniforme. Volte o purê para a panela e mantenha-o aquecido. Tempere a gosto com suco de limão e sal.

5 Comece a reaquecer lentamente o velouté de peixe com gengibre.

6 Em uma frigideira, aqueça o restante do azeite até que fique quase fumegante. Acrescente as vieiras, dispondo-as no sentido horário. Cozinhe durante 3 minutos, virando uma vez, também no sentido horário; isso assegura um cozimento uniforme. Tempere bem.

7 Para servir, arrume uma porção do purê de erva-doce no centro de cada prato de sopa. Cubra cada porção de purê com as metades das vieiras.

8 Quando o velouté de peixe com gengibre estiver quase fervendo, acerte o tempero, adicionando mais suco de limão e sal, se desejar. Bata-o com um mixer até obter uma boa espuma. Coloque então o molho ao redor do purê de erva-doce. Sirva imediatamente.

Como fazer pó de coral de vieiras

EM VEZ DE DESCARTAR OS CORAIS DAS VIEIRAS, TORRE-OS E TRITURE-OS ATÉ OBTER UM PÓ FINO QUE PODE SER USADO COMO CONDIMENTO EM MOLHOS OU RISOTOS. UTILIZE-O CONFORME NECESSÁRIO, APROXIMADAMENTE 1 COLHER DE SOPA DE CADA VEZ, PARA UM SABOR DELICIOSO E UMA COR FANTÁSTICA.

1 Corte cada coral pela metade e retire toda a sujeira. Coloque-os em uma assadeira forrada com papel antiaderente. Ajuste o forno na temperatura mais baixa possível – 80 a 100°C.
2 Deixe os corais no forno até que fiquem rosa-escuro e bem frágeis. Eles devem quebrar quando estiverem prontos. Se isso não acontecer, coloque-os novamente no forno e teste novamente depois de algum tempo.
3 Triture alguns corais de cada vez até obter um pó fino. (Isso fará bastante barulho!) Guarde o pó em um pote bem fechado.

"Mil-folhas" de trilha e lagostim

AQUI, OS FILÉS DE TRILHA E OS LAGOSTINS TEMPERADOS COM AÇAFRÃO SÃO COLOCADOS EM CAMADAS, EM UMA DISPOSIÇÃO MARAVILHOSA DE MIL-FOLHAS, E SERVIDOS COM UM FIO DE AZEITE. VERIFIQUE SE OS LAGOSTINS ESTÃO BEM FRESCOS E FIRMES AO COMPRÁ-LOS.

INGREDIENTES
(para 2)

½ quantidade da receita de Caviar de Berinjela (página 101)
6 lagostins médios ou grandes
100 ml de azeite de oliva
uma pitada de açafrão
2 trilhas (pesando aproximadamente 100 g cada uma) cortadas em quatro filés
sal marinho e pimenta-do-reino moída na hora

PARA A GUARNIÇÃO
3 colheres de sopa de Caldo de Legumes à la Nage (página 13)
½ xícara de folhas de manjericão
12 batatas-bolinhas cortadas em forma cilíndrica
12 Fatias de Berinjela Cristalizadas (página 180)

1 Tenha à mão o caviar de berinjela e o caldo de legumes.
2 Retire a casca dos lagostins. Faça um corte no sentido vertical, sem cortá-los completamente, para que você possa abri-los em forma de borboleta. Limpe, se necessário, e pincele-os com um pouco de azeite e tempero.
3 Esfregue bem o açafrão sobre os filés de trilha. Isso lhes dará uma cor amarela fascinante e um aroma delicioso.
4 Branqueie levemente as folhas de manjericão em água fervente e mergulhe-as em água fria. Bata-as em um processador de alimentos ou liquidificador com o caldo de legumes até obter um purê. Reserve.
5 Cozinhe as batatas já moldadas em água fervente com sal durante 7 minutos ou até que fiquem macias. Escorra e mantenha-as em um lugar aquecido.
6 No momento de servir, reaqueça o caviar de berinjela, acerte o tempero e mantenha-o aquecido.
7 Aqueça dois terços do restante do azeite em uma frigideira com fundo resistente e salteie rapidamente a trilha e os lagostins. Deixe a trilha 2 minutos com a pele para baixo; vire e deixe mais 30 segundos. Cozinhe os lagostins 1 minuto de cada lado. Retire os frutos do mar da frigideira e escorra o excesso de azeite.
8 Disponha uma porção do caviar de berinjela no centro de cada prato aquecido e cubra-o com um filé de trilha e um lagostim. Derrame um pouco do molho de manjericão ao redor da porção. Coloque seis batatas sobre o molho e decore cada uma com uma fatia de berinjela cristalizada. Finalize regando o prato com um fio de azeite.

Beignets de ostra com molho agridoce

AS OSTRAS, QUANDO CRUAS, SÃO UM MANJAR-DOS-DEUSES, MAS TAMBÉM FICAM DIVINAS SERVIDAS QUENTES, COMO BEIGNETS, OU FRITAS EM UMA MASSA LEVE E CROCANTE. É MELHOR FAZER A MASSA COM FERMENTO FRESCO, DISPONÍVEL EM PEQUENAS PADARIAS OU EM LOJAS DE ALIMENTOS NATURAIS. O FERMENTO SECO OFERECE QUASE O MESMO RESULTADO, MAS O CRESCIMENTO DA MASSA DEMORA UM POUCO MAIS.

INGREDIENTES
(para 4)

12 ostras cruas e preparadas (página 36)
um pouco de farinha de trigo comum para polvilhar
aproximadamente 500 ml de azeite de oliva
sal marinho e pimenta-do-reino moída na hora

PARA A MASSA
5 g de fermento fresco ou ½ colher de sopa de fermento seco
250 ml de leite morno
150 g de farinha de trigo comum
uma boa pitada de sal
1 colher de sopa de cerveja

PARA O MOLHO AGRIDOCE
200 ml de Caldo de Legumes à la Nage (página 13)
1 pimentão vermelho médio sem as sementes cortado em fatias finas
1 pimentão amarelo médio sem as sementes cortado em fatias finas
6 echalotes grandes cortadas em fatias finas
1 ramo de tomilho e estragão
½ folha de louro
50 ml de azeite de oliva
2 colheres de sopa de vinagre de vinho branco
200 ml de Noilly Prat (ou outro vermute seco)

PARA SERVIR
200 g de Salada de Folhas (página 54)
2 colheres de sopa de Vinagrete Básico para Saladas (página 19)
1 colher de sopa de cerefólio e estragão picados

1 Para a massa com fermento fresco: adicione um pouco de leite ao fermento e misture até obter uma pasta. Usando um batedor de claras ou um processador de alimentos, bata o restante dos ingredientes até obter uma consistência uniforme. Para a massa com o fermento seco: misture o fermento diretamente na farinha e coloque uma boa pitada de sal. Adicione o restante do leite, a cerveja, e bata até que fique uniforme.

2 Cubra com papel-filme, coloque o recipiente em um lugar aquecido (como o forno desligado) e deixe até que a massa cresça e forme uma espuma. Isso levará aproximadamente 1 hora com o fermento fresco e um pouco mais com o seco.

3 Enquanto isso, faça o molho. Tenha à mão o caldo de legumes. Salteie os pimentões, as echalotes e as ervas no azeite durante 10 minutos, até que fiquem macios. Acrescente uma colher de sopa de vinagre e cozinhe até que ele evapore.

4 Adicione o Noilly Prat (ou outro vermute seco), cozinhe até que ele tenha reduzido em dois terços e adquira consistência de xarope. Acrescente o caldo de legumes, espere levantar fervura e cozinhe em fogo baixo durante 15 minutos ou até que os legumes estejam macios.

5 Descarte os ramos de ervas e a folha de louro. Bata os legumes em um processador de alimentos ou em um liquidificador até obter um purê. Aperte o purê contra uma peneira fina com a parte de trás de uma concha. Volte o molho para a panela e cozinhe em fogo baixo durante alguns minutos, até que fique com uma consistência cremosa. Acrescente o restante do vinagre. Tempere e prove. Reserve.

6 Prepare a salada: tempere as folhas e misture o vinagrete básico para saladas. Coloque, então, um pouco de salada no centro de cada prato.

7 Seque as ostras e polvilhe-as com um pouco de farinha. Em uma frigideira funda, aqueça o azeite até a temperatura de 175°C ou até que um pedaço de pão amanhecido fique crocante depois de mergulhado nele por 30 segundos.

8 Usando os dedos ou um espeto de madeira, mergulhe as ostras na massa. Verifique se elas ficaram bem cobertas, pois a massa é grossa. Frite as ostras no azeite quente, por aproximadamente 2 minutos de cada lado, até que fiquem douradas e crocantes. Retire com uma escumadeira e seque-as em papel-toalha.

9 Disponha o molho ao redor da salada de folhas. Arrume os beignets de ostra sobre o molho. Salpique as ervas por cima e sirva imediatamente.

Beignets de flor de abobrinha com vinagrete de três mostardas

DEVO ADMITIR QUE NO RAMO DOS RESTAURANTES É MUITO FÁCIL ENCOMENDAR FLORES DE ABOBRINHA PERFEITAS PARA FAZER UM RECHEIO COM UM LEVE *FARCE*. EM ALGUNS LUGARES, É POSSÍVEL COMPRÁ-LAS EM BONS MERCADOS. ENTRETANTO, MUITOS COZINHEIROS SÃO TAMBÉM BONS JARDINEIROS E PODEM DISPOR DE UMA GRANDE QUANTIDADE DESSAS BELAS FLORES DOURADAS EM FORMA DE TROMPA EM SUAS HORTAS. PARA FAZER ESTES BEIGNETS, ESCOLHA FLORES NOVAS, PORQUE SÃO MAIS ACHATADAS E, POR ISSO, MELHORES PARA MERGULHAR NA MASSA. VOCÊ TAMBÉM PODE COMER AS PEQUENAS ABOBRINHAS INTEIRAS AINDA COM O TALO.

1 Para a massa com fermento fresco: adicione um pouco de leite ao fermento e misture até obter uma pasta. Usando um batedor de claras ou um processador de alimentos, bata o restante dos ingredientes até obter uma consistência uniforme. Para a massa com o fermento seco: misture o fermento diretamente na farinha e coloque uma boa pitada de sal. Adicione o restante do leite, a cerveja, e bata até que fique uniforme.

2 Cubra com papel-filme, coloque o recipiente em um lugar aquecido (como um forno desligado) e deixe até que a massa cresça e forme uma espuma. Isso levará aproximadamente 1 hora com o fermento fresco e um pouco mais com o seco.

3 Enquanto isso, prepare o vinagrete básico para saladas e misture com as mostardas. Reserve. Escolha as folhas para a salada, descarte todos os talos grossos e corte as folhas em pedaços pequenos e delicados.

4 Para preparar as flores de abobrinha, remova as abobrinhas pequenas. (Não as jogue fora; pois poderão ser usadas em outro prato.) Segure cada flor delicadamente pelo talo. Retire e descarte o estame interno.

5 Quando a massa estiver pronta, aqueça o azeite em uma frigideira funda até a temperatura de 175°C ou até que um pedaço de pão amanhecido fique crocante depois de mergulhado nele por 30 segundos.

6 Mergulhe uma flor de cada vez na massa, cobrindo-a por inteiro. Escorra bem a massa antes de fritar. Frite 3 ou 4 flores de cada vez, por 1 minuto de cada lado ou até que fiquem douradas e crocantes. Seque-as em papel-toalha e polvilhe com sal.

7 Tempere a salada com o vinagrete de três mostardas. Centralize uma porção de salada em cada prato. Disponha o restante do molho de salada em círculos ao redor das folhas e os beignets sobre o molho (três para cada porção).

INGREDIENTES

(para 4)

200 g de Salada de Folhas (página 54)
12 flores de abobrinha médias ou grandes
aproximadamente 500 ml de azeite de oliva
sal marinho

PARA A MASSA

5 g de fermento fresco ou 1½ colher de chá de fermento seco
250 ml de leite morno
150 g de farinha de trigo simples
uma boa pitada de sal
1 colher de sopa de cerveja

PARA O MOLHO DA SALADA

1 receita de Vinagrete Básico para Saladas (página 19)
1½ colher de sopa de mostarda em grãos
1½ colher de sopa de mostarda de Dijon
1½ colher de sopa de mostarda francesa com mel (honey mustard)

Terrina de foie gras com confit de pato

UMA TERRINA PARA UMA OCASIÃO MUITO ESPECIAL. RECOMENDO USAR FOIE GRAS FRESCO. PREFIRO USAR FOIE GRAS DE FÍGADO DE PATO EM VEZ DO DE FÍGADO DE GANSO, PORQUE É MAIS BARATO E MAIS ADEQUADO PARA UMA TERRINA. NORMALMENTE É PRECISO ENCOMENDAR O FOIE GRAS FRESCO COM ANTECEDÊNCIA EM LOJAS ESPECIALIZADAS. VOCÊ TAMBÉM PODE ENCOMENDAR GORDURA DE PATO NESSAS LOJAS, OU GUARDAR UM POUCO DA GORDURA QUANDO ASSAR UM GANSO. PARA UMA APRESENTAÇÃO ESPECIAL, DECORE CADA FATIA COM GELEIA DE VINHO DO PORTO CORTADA OU CONSOMÊ FRIO PICADO. É NECESSÁRIO COMEÇAR A PREPARAR O PRATO COM UM DIA DE ANTECEDÊNCIA.

INGREDIENTES

(rende uma terrina de 1 kg para 8 ou 10)

4 coxas de pato médias
2 ramos de tomilho
1 ramo de alecrim
250 g de gordura de ganso ou de pato derretida
2 x 750 g de foie gras (fígado hipertrofiado) fresco e inteiro de pato ou de ganso
1 colher de sopa de vinho do Porto
1 colher de sopa de conhaque (preferencialmente Armagnac)
1 colher de sopa de vinho Madeira
sal marinho e pimenta-do-reino moída na hora

1 Limpe as coxas do pato, tempere e polvilhe com as folhas picadas de tomilho e alecrim. Cubra e reserve na geladeira por 2 horas para que os sabores penetrem. Preaqueça o forno a 170°C.

2 Coloque as coxas em pequenas assadeiras ou caçarolas de ferro fundido e cubra com a gordura de ganso ou de pato derretida. Molhe uma folha grande de papel-alumínio e enrole-a nas coxas para mantê-las mergulhadas na gordura.

3 Deixe a assadeira ou caçarola sobre o fogo médio até que a gordura ferva. Com cuidado, coloque-a no forno. Asse de 1h30 a 2 horas, ou até que a carne esteja bastante tenra e molhada, começando a se soltar do osso. Retire do forno e deixe o pato esfriar na gordura.

4 Enquanto isso, retire os foie gras da geladeira cerca de 1 ou 2 horas antes do preparo, para que amoleçam e fiquem mais fáceis de manusear. Separe cuidadosamente os lóbulos de cada fígado em duas metades e, com uma faca afiada, remova a membrana e a veia central, tomando cuidado para não danificar os lóbulos. Se preferir, retire quaisquer manchas de sangue também. Isso não é essencial, mas a terrina ficará com uma aparência melhor quando for fatiada.

5 Remodele cuidadosamente os foie gras, sem manuseá-los demais, ou eles poderão ficar moles. Coloque-os em uma assadeira funda. Tempere com sal e pimenta e regue com o vinho do Porto, o conhaque ou Armagnac, o vinho Madeira. Deixe marinar por 1 hora.

6 Preaqueça o forno a 190°C. Asse os foie gras marinados durante 12 minutos, ou até que fiquem macios e seu tamanho seja um pouco reduzido. Atenção: eles vão soltar muita gordura, e você precisa guardá-la. Remova cuidadosamente os fígados e reserve.

7 Continue com o confit: retire a carne do osso e misture-a com um pouco da gordura de ganso ou de pato na qual a carne foi cozida e um pouco de tempero. Isso ajuda a deixar a carne mais firme.

8 Forre uma fôrma de pão de 1 kg com uma folha de papel à prova de gordura.

Corte os foie gras em fatias de 1 cm de espessura. Disponha-os em camadas na fôrma, alternando com os pedaços de pato, derramando um pouco da gordura do foie gras entre cada camada e finalizando com uma camada de foie gras.

9 Corte uma folha de papel-alumínio para cobrir a fôrma. Cubra-a. Coloque pequenos pesos ou pequenas latas por cima. A pressão não deve ser grande, mas uniforme. Deixe a terrina na geladeira durante uma noite ou até que fique firme o bastante para fatiar.

10 Retire o papel. Derreta um pouco da gordura restante do foie gras e regue-a sobre a terrina, para deixá-la bem firme. Coloque na geladeira até ficar firme.

11 Para desenformar a terrina, passe uma faca ao redor do interior da fôrma e vire em uma tábua ou travessa. Levante a fôrma e remova o papel. Para servir, corte em pedaços de 2,5 cm. Sirva a terrina com uma salada verde e ofereça fatias de torradas de brioche aquecidas.

Ostras pochées com molho de agrião

UM OUTRO PRATO SIMPLES E SUBLIME: OSTRAS ESCALDADAS EM SEU PRÓPRIO LÍQUIDO E SERVIDAS COM UM VELOUTÉ DE AGRIÃO E TAGLIATELLE CASEIRO. SE VOCÊ NÃO TIVER TEMPO DE FAZER SEU PRÓPRIO TAGLIATELLE, SUBSTITUA POR UM PRONTO E FRESCO.

INGREDIENTES
(para 2)

200 ml de Velouté de Peixe (página 14)
200 g de Tagliatelle caseiro (página 29) ou já pronto e fresco
300 g de agrião (aproximadamente 6 maços)
10 ostras frescas
3-4 colheres de sopa de sal-gema para servir
10 ramos pequenos de cerefólio
sal marinho e pimenta-do-reino moída na hora

1 Faça o velouté de peixe e o tagliatelle caseiro, se desejar, e reserve.
2 Retire os talos do agrião e descarte-os. Lave então as folhas em duas ou três trocas de água fria.
3 Em uma panela, ferva a água com sal e escalde o agrião por 3 ou 4 minutos. Depois, escorra e seque cuidadosamente com um pano de prato.
4 Em um processador de alimentos ou um liquidificador, bata o agrião até obter um purê leve e uniforme, acrescentando um pouco do velouté de peixe para amolecer a mistura, se necessário.
5 Ferva o velouté de peixe e misture-o ao purê de agrião. Peneire, apertando o purê contra a peneira com a parte de trás de uma concha. Reserve.
6 Escalde o tagliatelle caseiro em água fervente com sal por aproximadamente 1 minuto e escorra. Mergulhe em água bem fria e escorra novamente (passos 9-10, página 28). Caso use a massa pronta, siga as instruções de preparo da embalagem. Reserve.
7 Abra as ostras (página 36). Reserve seu líquido em uma panela pequena. Descarte as conchas achatadas. Limpe as conchas arredondadas e seque-as. Faça cinco montes de sal-gema com a colher em cada prato e disponha uma concha de ostra sobre cada um.
8 Reaqueça o tagliatelle em um pouco de água com a manteiga. Enrole um pouco da massa já preparada dentro de cada concha limpa. Mantenha aquecido.
9 Escalde as ostras em seu próprio líquido, cozinhando por aproximadamente 2 minutos. Em seguida, retire-as do caldo com uma escumadeira e coloque-as sobre a massa.
10 Reaqueça o molho até que levante fervura. Acerte o tempero e regue as ostras. Decore com os ramos de cerefólio e sirva.

Mosaico de coelho com repolho e cogumelos

APESAR DE MUITO APRECIADOS NA FRANÇA, OS COELHOS AINDA SÃO VISTOS COM ALGUM DESDÉM EM ALGUNS OUTROS PAÍSES. É UMA PENA, POIS SUA CARNE É DELICIOSA, LEVE E FÁCIL DE PREPARAR. ESTA BELA TERRINA, QUE CHAMO DE MOSAICO, É UMA DAS ENTRADAS MAIS POPULARES DO AUBERGINE. SIRVA COM SALADA VERDE, REGANDO CADA FATIA COM UM FIO DE AZEITE DE TRUFAS. QUANTO AO COELHO, COMPRE UM INTEIRO, PEQUENO. SE FOR NECESSÁRIO, ENCOMENDE-O ANTECIPADAMENTE. VOCÊ TAMBÉM PODE ADAPTAR A RECEITA, SUBSTITUINDO O COELHO POR UMA GALINHA CAIPIRA DE BOA QUALIDADE. É NECESSÁRIO COMEÇAR A PREPARAR O MOSAICO COM NO MÍNIMO UM DIA DE ANTECEDÊNCIA.

INGREDIENTES

(para 8-10)

PARA O CONFIT

1 coelho de aproximadamente 1 kg
800 g de gordura de ganso ou manteiga concentrada
2 folhas de louro
1 ramo de tomilho
10 sementes de coentro
10 grãos de pimenta-do-reino esmagados
1 anis-estrelado
2 colheres de sopa de sal grosso

PARA A TERRINA

1,7 litro de Caldo Dourado de Frango (página 18)
85 g de manteiga
150 g de folhas tenras de repolho cortadas em fatias finas
150 g de diferentes cogumelos misturados e fatiados (ex.: champignon, portobello, shiitake, shimeji)
12 batatas, preferencialmente de forma alongada, escovadas
6 folhas de gelatina ou 4 colheres de sopa de gelatina em pó
3 colheres de sopa de cebolinha picada
250 g de patê de foie gras cortado em tiras longas
sal marinho e pimenta-do-reino moída na hora

1 Prepare primeiro o confit de coelho. Preaqueça o forno a 180°C. Desmembre o coelho, cortando suas coxas e o lombo. Descarte a caixa torácica e o pescoço.

2 Coloque os pedaços de coelho em uma caçarola que possa ir ao forno. Aqueça a gordura de ganso até que levante fervura e regue o coelho. Adicione as folhas de louro, o tomilho, as sementes de coentro, os grãos de pimenta, o anis-estrelado e o sal.

3 Certifique-se de que o coelho está totalmente imerso na gordura. Corte um pedaço de papel à prova de gordura (chamamos isso de *cartouche*) do tamanho da boca da caçarola. Disponha-o sobre a gordura para que a carne seja mantida por baixo dela e para que não fique nem dourada nem cozida demais. Se você molhar o papel, será mais fácil moldá-lo.

4 Cozinhe no forno por cerca de 1h15 ou até que a carne esteja bem macia. Deixe esfriar na própria gordura. Raspe, então, o excesso de gordura, ervas e temperos. Retire a carne dos ossos em pedaços grandes. Verifique se não há gordura, veias e nervos na carne. Se preferir, passe a gordura por uma peneira e guarde-a na geladeira para uso posterior. Ela irá durar alguns meses.

5 Para a terrina: ferva o caldo dourado de frango até que se reduza pela metade, a fim de concentrar o sabor. Reserve 250 ml em uma panela, para cozinhar as batatas.

6 Aqueça metade da manteiga em uma frigideira e salteie rapidamente o repolho até que ele murche. Retire com uma escumadeira. Adicione o restante da manteiga e salteie os cogumelos até que fiquem cozidos; escorra e reserve. Tempere bem ambos e deixe esfriar.

7 Cozinhe as batatas no caldo reservado até que fiquem macias – aproximadamente 10 minutos. (No restaurante, moldamos as batatas antes de cozinhá-las, ou seja, cortamos em forma cilíndrica, todas do mesmo tamanho; mas isso é opcional. Desde que as batatas tenham a forma alongada, em vez de arredondada, e sejam mais ou menos o mesmo tamanho – mais ou menos 5 cm –, a terrina terá uma boa aparência.) Escorra e reserve para que esfriem.

→

8 Aqueça os outros 500 ml de caldo dourado de frango até levantar fervura. Enquanto isso, se estiver usando gelatina em folhas, molhe-as em água fria por 5 minutos ou até que fiquem moles; descarte, então, a água. Quando o caldo estiver fervendo, adicione a folha de gelatina e espere dissolver. Se usar a gelatina em pó, coloque-a diretamente no caldo logo que ele começar a ferver, mexendo bastante até que fique claro. Misture a cebolinha no caldo e reserve para que esfrie – de preferência sobre gelo –, mexendo de vez em quando até que a mistura comece a engrossar.

9 Usando uma fôrma de bolo inglês de 1,1 litro, derrame um pouco da gelatina firme no fundo e acrescente um pouco do repolho e dos cogumelos. Distribua camadas da carne de coelho na fôrma, intercalando com camadas de batatas e fatias de foie gras. Derrame um pouco de gelatina e verifique se as cebolinhas estão bem distribuídas.

10 Acrescente as outras camadas de repolho e cogumelos, gelatina, carne de coelho, batatas, foie gras e mais gelatina, pressionando os alimentos entre as camadas de gelatina. Finalize as camadas com o repolho e os cogumelos e reserve um espaço de mais ou menos 2 cm na parte superior. (Obs.: Aqui você não usará todo o coelho.) Derrame mais gelatina, fazendo com que ela cubra completamente os alimentos. Bata levemente no fundo da fôrma para não deixar bolhas de ar. Leve à geladeira com cuidado e deixe por uma noite, ou até que a terrina esteja firme o suficiente para fatiar.

11 Para desenformar, mergulhe uma espátula em água fervente. Use-a para soltar as bordas da terrina da parte interna da fôrma. Mergulhe a base em uma tigela de água bem quente e conte até dez. Vire a fôrma em uma tábua ou em uma travessa e agite-a bem. A terrina deve deslizar. Se isso não acontecer, mergulhe novamente a base da fôrma por dez segundos e repita o processo com a espátula quente. Para fatias iguais, corte com uma faca elétrica ou com uma faca longa de serra.

Salada de coelho assado com chicória à la crème

GERALMENTE AS PESSOAS TÊM MUITO RECEIO DE UTILIZAR COELHOS. QUANDO É USADO, GERALMENTE É NA FORMA DE ENSOPADO, OU TALVEZ DE TERRINA. MAS AQUI TEMOS UMA RECEITA DE SALADA DE COELHO! O COELHO É SERVIDO QUENTE, ACOMPANHADO DE COGUMELOS SELVAGENS SALTEADOS, SALADA DE FOLHAS E CHICÓRIA LEVEMENTE CARAMELIZADA. SE FOR DIFÍCIL ENCONTRAR COXAS DE COELHO À VENDA, COMPRE UM COELHO INTEIRO E CONGELE O LOMBO PARA USAR DEPOIS.

INGREDIENTES

(para 4)

3 colheres de sopa de Vinagrete Básico para Saladas (página 19)
1 colher de sopa de azeite de oliva
100 g de manteiga
4 coxas de coelho médias ou grandes
4 cabeças grandes de chicória
2 colheres de sopa de sal
2 colheres de sopa de açúcar
200 ml de creme de leite
300 g de cogumelos selvagens
200 g de Salada de Folhas (página 54)
alguns ramos de cerefólio
sal marinho e pimenta-do-reino moída na hora

1 Tenha à mão o vinagrete básico para salada.

2 Preaqueça o forno a 200°C. Aqueça o azeite com uma bolinha de manteiga em uma panela de ferro fundido. Salteie as coxas de coelho até que fiquem levemente douradas por inteiro.

3 Cubra as coxas com papel-manteiga ou papel-alumínio untado com manteiga e asse-as no forno durante 5 minutos, até que fiquem cozidas.

4 Retire as coxas do forno e deixe descansar por 5 minutos. Corte cada coxa em duas partes ao longo da junta. Remova os ossos e corte a carne em medalhões. Misture-a com um terço do vinagrete básico para saladas; tempere e reserve.

5 Corte as cabeças de chicória em tiras, de cima para baixo. Aqueça um quarto do restante da manteiga na panela e salteie levemente as tiras. Polvilhe sal e açúcar.

6 Quando as tiras começarem a amolecer, depois de 3 minutos aproximadamente, retire-as da panela e seque-as com papel-toalha. Leve a panela novamente ao fogo e adicione o creme de leite.

7 Ferva o creme de leite, retorne as tiras de chicória à panela e cozinhe por cerca de um minuto até que o líquido tenha se reduzido pela metade. Reserve.

8 Cozinhe os cogumelos no restante da manteiga durante 5 minutos ou até que fiquem macios. Retire e misture com um terço do vinagrete restante.

9 No momento de servir, prepare a salada: misture um pouco do molho vinagrete básico às folhas e centralize uma porção de salada em cada prato. Disponha as tiras de chicória ao redor da salada. Coloque os cogumelos sobre a chicória e os pedaços de coelho sobre os cogumelos. Decore com ramos de cerefólio e sirva imediatamente.

Tian de tomates com legumes à la Grècque

ESTAS FÔRMAS DE TOMATES FRESCOS MARINADOS, RECHEADOS COM CAVIAR DE BERINJELA E SERVIDAS COM MINILEGUMES MACIOS MACERADOS COM AÇAFRÃO E MOLHO BALSÂMICO DE COENTRO SÃO EXCELENTES COMO ENTRADAS DE VERÃO.

1 Tenha à mão o caviar de berinjela.
2 Retire a pele dos tomates. Para fazer isso com mais facilidade, mergulhe-os rapidamente em água fervente. Corte cada um em quatro partes e descarte as sementes.
3 Tempere e marine 3 colheres de sopa de azeite, 1 colher de sopa de vinagre balsâmico e metade das ervas durante 2 horas.
4 Corte ou descasque todos os legumes. Ferva o restante do azeite e do vinagre e adicione todos os minilegumes, o restante das ervas, as sementes esmagadas de coentro e o açafrão. Retire do fogo e deixe em infusão, mexendo uma ou duas vezes, até que esfrie. Resfrie no mínimo por 30 minutos antes de servir.
5 Escorra os tomates e reserve a marinada. Use os tomates para cobrir a base e os lados de duas fôrmas individuais. Coloque o caviar de berinjela, pressionando com firmeza. Resfrie durante 30 minutos para deixar firme.
6 Para servir, desenforme um tian no centro de cada prato e cubra com a marinada de tomate. Prepare a salada de folhas e coloque pequenas porções por cima. Escorra os minilegumes da marinada, disponha-os ao redor de cada tian e regue com um pouco da marinada para decorar.

INGREDIENTES
(para 2)

½ receita de Caviar de Berinjela (página 101)
6 tomates italianos grandes e bem vermelhos
200 ml de azeite de oliva
2 colheres de sopa de vinagre balsâmico
1 colher de sopa de manjericão, cerefólio, coentro e cebolinha
2 porções pequenas de Salada de Folhas (página 54)
sal marinho e pimenta-do-reino moída na hora

PARA A GUARNIÇÃO DE LEGUMES
4 bulbos de erva-doce pequenos ou 1 médio cortado em quatro partes
4 minicebolas
4 minicenouras
4 alhos-porós pequenos ou 1 médio cortado em quatro partes
4 mininabos
4 pontas de aspargos
6 sementes de coentro esmagadas
uma boa pitada de açafrão

Salada de legumes com vinagrete de limão

UMA SALADA IDEAL PARA ENTRADA, MUITO SIMPLES E LEVE, FEITA COM UMA SELEÇÃO DE LEGUMES NOVOS E MACIOS, BRANQUEADOS E MISTURADOS COM UM SURPREENDENTE VINAGRETE APIMENTADO DE LIMÃO. O SEGREDO DESTA SALADA REFRESCANTE É DEIXAR OS LEGUMES BRANQUEADOS ESFRIAREM NO MOLHO. CASO SEJA DIFÍCIL ENCONTRAR ALGUNS DOS MINILEGUMES, COMPRE OS MAIS NOVOS QUE ENCONTRAR E CORTE-OS EM FATIAS, OU EM PEQUENOS PEDAÇOS GROSSOS.

INGREDIENTES

(para 2)

½ receita de Vinagrete Básico para Saladas (página 19)
suco de 1 limão
12 sementes de coentro esmagadas
2 anises-estrelados
1 colher de sopa de manjericão, cerefólio e cebolinha picados
100 g de minicenouras
100 g de alhos-porós pequenos
100 g mininabos
100 g de aspargos novos
100 g de bulbos pequenos de erva-doce
150 g de Salada de Folhas (página 54)
sal marinho e pimenta-do-reino moída na hora

1 Prepare o vinagrete básico para salada e misture com o suco de limão, os temperos e metade das ervas. Reserve.

2 Prepare todos os legumes separados da salada de folhas, deixando-os inteiros. Descasque-os ou esfregue-os levemente, conforme necessário. Ferva água e sal em uma panela grande. Adicione todos os legumes juntos e deixe branquear durante 1 minuto, contando a partir do momento em que a água voltar a ferver.

3 Escorra os legumes e misture imediatamente o vinagrete básico para saladas. Tempere levemente, se desejar. Deixe esfriar completamente, mexendo os legumes com cuidado de vez em quando para que eles absorvam os sabores de maneira uniforme.

4 Quando esfriar, retire os legumes do molho usando uma escumadeira. Reserve o molho.

5 Prepare a salada de folhas e acrescente um pouco do vinagrete reservado. Arrume os legumes ao redor da salada. Regue com o restante do molho para que tudo fique brilhante. Polvilhe o restante das ervas por cima.

Filés de sardinha e trilha

NO VERÃO, SERVIMOS ESTE PRATO LEVE DE TRILHA E SARDINHAS COM UM COURT-BOUILLON OU MOLHO FEITO COM CALDO DE LEGUMES À LA NAGE E CONCASSÉ DE TOMATE. COMO PRATO PRINCIPAL, SERVIMOS ESTES FILÉS COM UMA TORTINHA QUENTE DE TOMATE E MANJERICÃO (PÁGINA 75), IDEIA QUE TIVE EM PARIS. O IDEAL É USAR TRILHAS PEQUENAS, PARA QUE COMBINEM COM O TAMANHO DAS SARDINHAS. SE DESEJAR, COMPRE DUAS TRILHAS MAIORES E CORTE CADA UMA EM 4 FILÉS. O PEIXEIRO PODE FAZER ISSO PARA VOCÊ.

1 Tenha à mão o caldo de legumes ou o court-bouillon e o concassé de tomate.

2 Corte os filés de peixe com uma faca pequena e afiada para limpá-los. Retire o máximo possível de espinhas com pinças específicas para isso. Coloque-os em uma panela rasa ou em uma frigideira funda e tempere bem.

3 Regue com todo o caldo de legumes ou o court-bouillon e cozinhe até levantar fervura. Deixe, então, as trilhas e as sardinhas esfriarem no líquido.

4 Quando estiverem frios, remova os peixes com cuidado e coloque-os na geladeira. Coe o caldo de legumes ou o court-bouillon e acrescente metade das folhas de manjericão para macerar. Corte o restante das folhas de manjericão em tiras finas, à julienne.

5 Misture o concassé de tomate com o caldo de legumes ou o court-bouillon.

6 Para servir, disponha as trilhas e as sardinhas no centro de pratos resfriados. Coe o caldo de legumes ou o court-bouillon e use-o para regar o peixe e reserve o concassé de tomate. Disponha o concassé de tomate e as folhas de manjericão à julienne no prato. Para finalizar, regue com um fio de azeite.

INGREDIENTES

(para 4)

200 ml de Caldo de Legumes à la Nage (página 13) ou Court-bouillon (página 16)
4 colheres de sopa de Concassé de Tomate (página 97)
4 trilhas pequenas em filés sem as escamas e as guelras ou 2 grandes, cortada cada uma em 4 filés
4 sardinhas frescas em filés sem as guelras
8 folhas de manjericão
2 a 3 colheres de sopa de azeite de oliva
sal marinho e pimenta-do-reino moída na hora

Tortinha de tomate e manjericão

MUITO SABOROSAS E VERSÁTEIS, ESTAS TORTINHAS LEVES E CROCANTES SOBREPOSTAS A FATIAS SUCULENTAS DE TOMATE E REGADAS COM AZEITE DE MANJERICÃO PODEM SER SERVIDAS COMO ENTRADA OU ACOMPANHAMENTO. FICAM EXCELENTES SERVIDAS COM FILÉS DE SARDINHA E TRILHA (PÁGINA 72).

INGREDIENTES
(para 4)

200 g de Massa Folhada Caseira (página 25)
500 g de tomates bem maduros
25 g de folhas de manjericão cortadas em fatias finas
100 ml de azeite de oliva
1 colher de sopa de azeite balsâmico
sal marinho e pimenta-do-reino moída na hora

1 Em uma tábua levemente enfarinhada, abra a massa folhada até que fique com espessura de 3 mm. Corte 10 círculos de 10 cm, aperte-os com um garfo e leve-os à geladeira por 20 minutos.
2 Preaqueça o forno a 220°C. Coloque os círculos de massa em uma assadeira de biscoito e cubra-a com outra assadeira igual. Asse por 5 minutos. Retire assadeira de cima e vire os círculos de massa usando uma espátula. Volte a cobrir com a outra assadeira e asse por mais 5 minutos.
3 Retire a assadeira de cima e asse mais os círculos até que fiquem levemente dourados. Retire do forno. Reduza a temperatura do forno para 190°C.
4 Tire a pele dos tomates. Para fazer isso com mais facilidade, mergulhe-os rapidamente em água fervente. Com uma faca afiada, corte-os em fatias bem finas. Coloque as fatias de tomate no centro das tortas, de modo que fiquem sobrepostas umas às outras. Tempere bem.
5 Polvilhe metade das folhas de manjericão sobre as tortas e regue com metade do azeite. Coloque-as novamente no forno e asse por mais 6 ou 7 minutos, regando com mais um pouco de azeite a cada 2 minutos. Retire do forno e regue as tortas com o restante do azeite e o vinagre balsâmico. Disponha o que restou do manjericão. Sirva quente.

Massas e Risotos

O que mais gosto nas massas frescas e risotos é a recompensa que se recebe, em comparação com o esforço que se investe neles. Você pode trocar o recheio de seus raviólis e de seus tortellinis e o sabor de seu risoto como troca de roupa, de acordo com a estação e com o seu humor. O método básico de fazer massas está na seção "Pedras Fundamentais" (página 27).

O ravióli e o tortellini são muito pessoais. O segredo é usar uma massa muito fina com um recheio molhadinho e robusto, que deve estar apenas cozido no centro – nada mais. A técnica pode exigir um pouco de prática, uma vez que as bordas devem estar suficientemente bem fechadas para evitar que a água penetre na cobertura de massa durante o cozimento e estrague o recheio.

Para os risotos, você deve usar um autêntico arroz italiano para risoto, com grãos arredondados que, quando cozidos, ficam cremosos e sedosos, mas sem perder o ponto al dente. *Preferimos os grãos carnaroli, arbório ou vialone nano. Os risotos podem ser temperados com queijo mascarpone, queijo parmesão ralado na hora e apenas um toque de Confit de Echalote (página 94): nada muito forte ou predominante.*

Ravióli de lagosta com vinagrete

ESTE É UM PRATO MUITO LEVE E ESPECIAL. É IDEAL PARA USAR LAGOSTAS COM AS PATAS DANIFICADAS, JÁ QUE NA RECEITA SE UTILIZA APENAS A CARNE E NÃO A LAGOSTA NA CASCA. A CARNE DA LAGOSTA, COMBINADA COM SALMÃO E ERVAS, FORMA O RECHEIO DO RAVIÓLI. OS RAVIÓLIS PODEM SER MONTADOS E BRANQUEADOS COM ANTECEDÊNCIA; ASSIM, NO MOMENTO DE SERVIR, BASTARÁ FAZER A FINALIZAÇÃO.

1 Para matar as lagostas, coloque-as com a barriga para baixo sobre uma tábua e perfure com firmeza as marcas na cabeça com a ponta de uma faca pesada e afiada. Remova as patas, faça um corte comprido ao longo do corpo e limpe o interior, retirando as entranhas e o coral. Branqueie o corpo, as patas e a cauda em água fervente por 15 segundos; isso ajuda a desprender a carne das cascas. Escorra, remova a carne do corpo e das patas e seque com um pano de prato ou papel-toalha. Corte em pequenos cubos e leve à geladeira.
2 Em um processador de alimentos, bata o filé de salmão até obter um purê fino. Acrescente a carne de lagosta em cubos, as ervas e o tempero.
3 Para completar o recheio do ravióli, divida a mistura em 8 bolas, enrolando-as com as mãos completamente secas. Pode ficar um pouco grudento, mas é essencial não molhar o recheio. Coloque as bolas em um prato e refrigere para que fiquem firmes.
4 Para o ravióli, estique a massa de macarrão até ficar bem fina. Então, usando um cortador de 10 cm, faça 16 círculos e recheie-os com as bolas frias de recheio para fazer 8 raviólis (passos 1-4, página 29). Branqueie e esfrie os raviólis (passos 9 -10, página 28). Escorra bem, cubra e resfrie até o momento de sua utilização.
5 Enquanto isso, prepare a guarnição de legumes: corte o repolho em tiras finas e salteie em uma panela com metade da manteiga, até que murche. Descasque as cenouras e corte-as à julienne. Salteie separadamente no restante da manteiga até que fiquem macias. Mantenha tudo aquecido.
6 Para o vinagrete, ferva o caldo de lagostim ou de lagosta até reduzir em dois terços. Acrescente o azeite e as ervas e reserve para macerar.
7 Imediatamente antes de servir, reaqueça os raviólis em água fervente durante 2 minutos e escorra. Centralize uma porção de repolho em cada prato aquecido. Coloque um ravióli em cima de cada porção e disponha as cenouras sobre o ravióli. Coloque um pouco de vinagrete ao redor e sirva.

INGREDIENTES
(para 4)

2 lagostas pequenas vivas (pesando aproximadamente 500 g cada uma)
100 g de filé de salmão fresco
½ colher de sopa de manjericão, estragão e cerefólio frescos picados
cerca de ¼ da receita (200 g) de Massa de Macarrão caseira (página 27)
sal marinho e pimenta-do-reino moída na hora

PARA A GUARNIÇÃO DE LEGUMES
1 repolho-crespo pequeno
50 g de manteiga
100 g de cenouras picadas em tiras finas, à julienne

PARA O VINAGRETE
200 ml de Caldo de Lagostim ou de Lagosta (página 15)
5 colheres de sopa de azeite de oliva
½ colher de sopa de manjericão, estragão e cerefólio picados

Ravióli de queijo-de-cabra com bouillon de alcachofra

O QUEIJO-DE-CABRA BATIDO COM UM POUCO DE QUEIJO MASCARPONE FAZ UM RECHEIO DE RAVIÓLI LEVE E COM SABOR FORTE – UM COMPLEMENTO IDEAL PARA UM CALDO CLARO OU BOUILLON DE ALCACHOFRA: SOFISTICADO E SIMPLES. TANTO A GUARNIÇÃO QUANTO O BOUILLON PODEM SER FEITOS COM ANTECEDÊNCIA E REAQUECIDOS NO MOMENTO DE SERVIR. SIGA AS INSTRUÇÕES DA PÁGINA 29 PARA PREPARAR O RAVIÓLI, MAS EM VEZ DE MOLDAR O RECHEIO EM BOLAS, DISPONHA A PASTA DE QUEIJO-DE-CABRA EM CADA DISCO DE MASSA USANDO UM SACO DE CONFEITEIRO.

INGREDIENTES

(para 6)

PARA O RAVIÓLI

cerca de 1 receita (300 g) de Massa de Macarrão caseira (página 27)
200 g de queijo-de-cabra mole (ex.: crottin)
2 colheres de sopa de queijo mascarpone
1 gema de ovo batida com uma pitada de sal e 2 colheres de sopa de água

PARA O BOUILLON

1 litro de Caldo de Frango (página 18) ou Caldo de Legumes à la Nage (página 13)
4 alcachofras grandes
suco de ½ limão
3 colheres de sopa de azeite de oliva
6 echalotes fatiadas
12 grãos de pimenta-do-reino
3 colheres de sopa de vinho branco seco
1 colher de sopa de estragão, manjericão e cebolinha picados
sal marinho e pimenta-branca moída na hora

1 Tenha à mão a massa e o caldo de frango ou o caldo de legumes.

2 Para o ravióli, abra a massa (passos 1-2, página 29) e faça 12 círculos usando um cortador de 10 cm. Para o recheio do ravióli, misture o queijo-de-cabra com uma colher de pau para deixá-lo macio e bata-o com o mascarpone até ficar com a consistência uniforme. Coloque em um saco de confeiteiro com um bico reto de 1 cm e divida a mistura em 6 discos de massa. Termine de fazer os raviólis de acordo com as instruções da página 29, usando a mistura de ovos batidos para fechá-los. Branqueie (passos 9-10, página 28) e mergulhe em água gelada. Reserve.

3 Para o bouillon, prepare as alcachofras da mesma forma que o velouté de alcachofras com foie gras (passo 2, página 47).

4 Aqueça o azeite em uma panela e salteie as echalotes e as fatias de alcachofra escorridas com os grãos de pimenta até que os legumes estejam levemente dourados e caramelizados – aproximadamente 10 minutos.

5 Deglace a panela com o vinho e adicione o caldo. Cozinhe até levantar fervura, abaixe o fogo e deixe ferver por mais 15 minutos. Retire do fogo e deixe os legumes em infusão por 30 minutos.

6 Forre um escorredor de macarrão com um pano de musselina úmido ou um pano de prato limpo. Coe o bouillon duas vezes, ou até obter um caldo claro. Reserve até o momento de servir.

7 Para servir, ferva novamente o bouillon, acrescente as ervas picadas, mexa e acerte o tempero. Acrescente os raviólis previamente reservados, cozinhe e ferva em fogo baixo lentamente até reaquecer. Sirva imediatamente.

Tagliatelle com trufas

SIMPLES E SUBLIME. QUANDO É ÉPOCA DAS TRUFAS É DIFICIL SUPERAR SEU SABOR DELICIOSO E SUA PARCERIA GLORIOSA COM MASSA FRESCA. NO RESTAURANTE, GOSTAMOS DE USAR TRUFAS CORTADAS EM FATIAS BEM FINAS E ESPALHADAS SOBRE O PRATO. NESTE CASO, O TAGLIATELLE CASEIRO É ACOMPANHADO DE UM MOLHO DE COGUMELOS SELVAGENS. VOCÊ PRECISARÁ SOMENTE DE UMA PEQUENA TRUFA DE APROXIMADAMENTE 20-30 g PARA ESTE PRATO. ESTA É UMA ENTRADA DIVINA!

INGREDIENTES
(para 4)

250 g de Tagliatelle caseiro (página 29) ou já pronto e fresco
150 ml de Caldo de Legumes à la Nage (página 13) ou água do cozimento de legumes
100 ml de creme de leite
100 g de cogumelos selvagens fatiados
2 colheres de sopa de azeite de trufas
uma trufa fresca de 20 a 30 g
sal marinho e pimenta-do-reino moída na hora

COMO COMPRAR TRUFAS FRESCAS

A ESTAÇÃO DAS TRUFAS COMEÇA EM OUTUBRO E VAI ATÉ MARÇO. AS TRUFAS SÃO MUITO CARAS NA ÉPOCA DO NATAL, DEVIDO À GRANDE DEMANDA NA FRANÇA. A MELHOR ÉPOCA PARA COMPRÁ-LAS É NOS MESES DE JANEIRO E FEVEREIRO. NO RESTAURANTE, USAMOS A TRUFA NEGRA DA REGIÃO DE PÉRIGORD, SUDOESTE DA FRANÇA, PARA PREPARAR MOLHOS E SOPAS, ADICIONANDO FATIAS FINAS COMO GUARNIÇÃO, COMO NO CASO DE NOSSAS SOPAS ESPUMANTES (PÁGINAS 32 A 35). USAMOS TAMBÉM A TRUFA BRANCA DA REGIÃO DE ALBA, NA ITÁLIA, PARA MASSAS, SALADAS E DIVERSAS FORMAS DE GUARNIÇÃO. PARA PRODUZIR FATIAS BEM FINAS E TRANSPARENTES, O IDEAL É USAR CORTADORES PRÓPRIOS PARA TRUFAS. VOCÊ PODE TAMBÉM TENTAR USAR UM RALADOR OU UMA FACA BEM AFIADA – MAS, SINCERAMENTE, JÁ QUE VOCÊ INVESTIU NA TRUFA, VALE A PENA INVESTIR EM UM CORTADOR APROPRIADO.
TANTO A TRUFA NEGRA QUANTO A BRANCA, QUANDO ESTÃO PERFEITAS, SÃO EXTREMAMENTE PERFUMADAS. EM GERAL, QUANTO MENORES, MAIS AROMÁTICAS. VERIFIQUE SE NÃO HÁ BICHOS NA TRUFA – ELA NÃO DEVE APRESENTAR MANCHAS NEM ESTAR DESGASTADA. POR FIM, SAIBA QUE UMA BOA TRUFA É CARA, MAS RENDE MUITO. ARMAZENE A TRUFA POR ATÉ 3 SEMANAS EM UM SACO DE RISOTO DE ARROZ NA GELADEIRA. ISSO MANTÉM A TRUFA PERFEITA E PASSA UM ÓTIMO AROMA PARA O ARROZ.

1 Cozinhe rapidamente o tagliatelle caseiro em água fervente com um pouco de sal, por até 1 minuto, ou cozinhe o tagliatelle já pronto de acordo com as instruções da embalagem. Escorra e misture o caldo de legumes ou a água do cozimento de legumes e o creme de leite. Tempere e mantenha aquecido na panela.
2 Frite com cuidado os cogumelos fatiados no azeite de trufa até que fiquem macios, mexendo bem, por 2 ou 3 minutos.
3 Disponha a massa em pratos aquecidos. Acrescente os cogumelos, rale ou corte a trufa em fatias finas e salpique-a por cima. Sirva imediatamente.

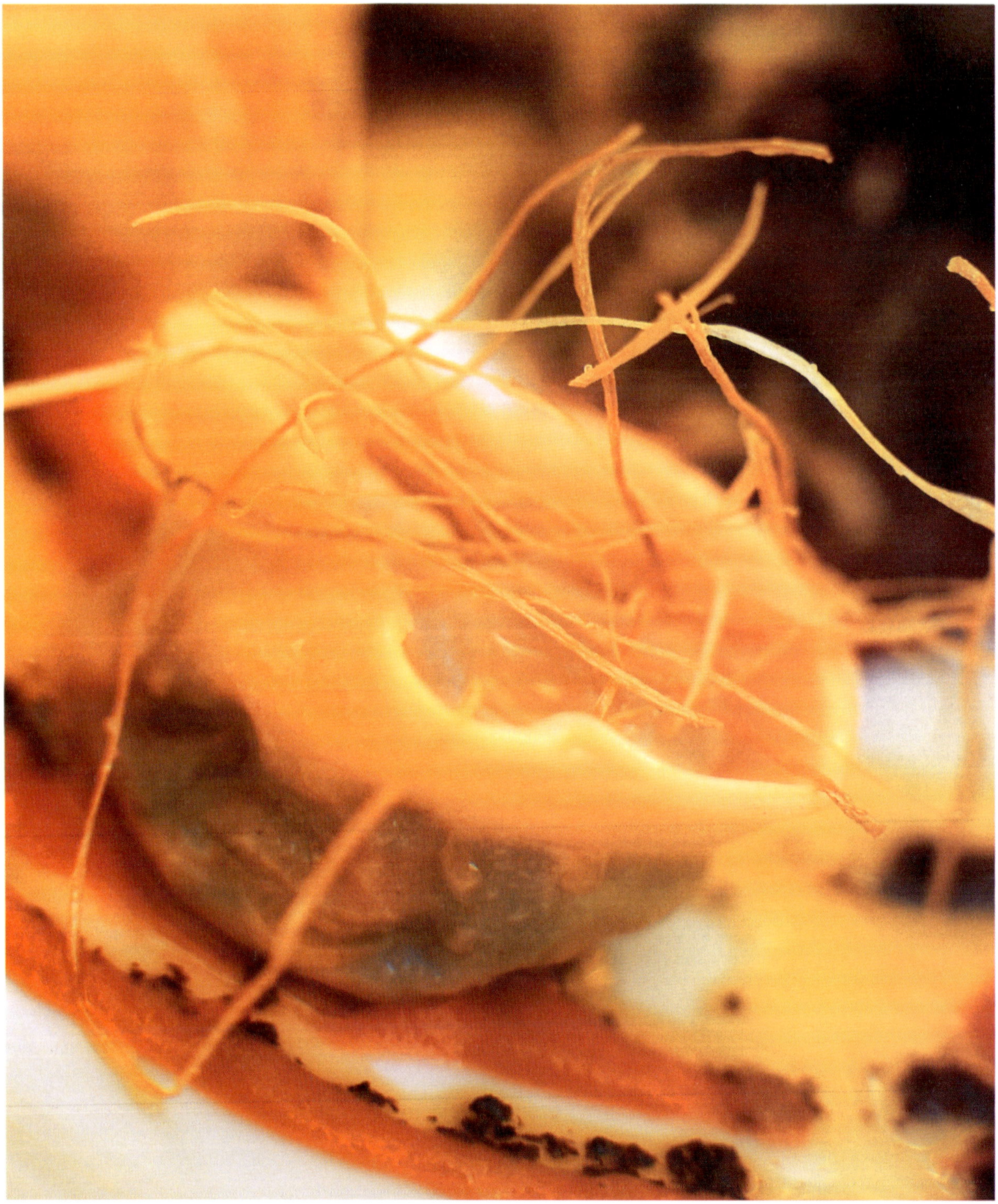

Tortellini de ratatouille com gazpacho

ESTE PRATO TEM O SABOR FORTE QUE SE ESPERA DE SEUS INGREDIENTES MEDITERRÂNEOS – PIMENTÕES, ABOBRINHAS, BERINJELAS, AZEITONAS E AZEITE. A MASSA CASEIRA, O RATATOUILLE E O GAZPACHO PODEM SER FEITOS COM ANTECEDÊNCIA E REUNIDOS NA HORA DE SERVIR, FINALIZADOS COM UMA DECORAÇÃO DE PEDAÇOS DE AIPO-RÁBANO FRITOS COM BASTANTE ÓLEO.

INGREDIENTES

(para 4)

½ cabeça de aipo-rábano
óleo vegetal para fritar
Salada de Folhas (página 54)
1 colher de sopa de Tapenade (página 19)
1 colher de sopa de azeite de oliva
sal marinho e pimenta-do-reino moída na hora

PARA O TORTELLINI

½ receita (425 g) de Massa de Macarrão caseira (página 27)
2 colheres de sopa de Concassé de Tomate (página 97)
85 g de pimentão vermelho cortado em cubos pequenos
85 g de abobrinha cortada em cubos pequenos
85 gramas de berinjela cortada em cubos pequenos
2 colheres de sopa de azeite de oliva
1 folha grande de manjericão cortada em fatias finas, à julienne
200 g de folhas novas de espinafre
50 g de azeitonas pretas sem caroço batidas até obter a consistência de um purê

PARA O GAZPACHO

500 g de tomates-cereja maduros
2 colheres de sopa de creme de leite
50 g de manteiga em cubos
2 colheres de sopa de azeite de oliva

1 Tenha à mão a massa caseira e o concassé de tomate.

2 Para fazer o recheio do tortellini, salteie os pedaços de pimentão, de abobrinha e de berinjela no azeite por 5 minutos, ou até que estejam cozidos. Escorra e seque em um pedaço grande de musselina ou em um pano de prato limpo.

3 Deixe os legumes esfriarem. Em uma tigela, misture-os com o concassé de tomate e as fatias de manjericão. Tempere, molde o ratatouille em 24 bolinhas e leve à geladeira para que fiquem mais firmes.

4 Branqueie o espinafre até que ele murche. Escorra e seque com cuidado, utilizando um pano limpo. Tente manter as folhas inteiras, se possível. Coloque um pouco do purê de azeitona sobre cada bolinha de ratatouille e, com cuidado, embrulhe cada uma em uma folha de espinafre. Reserve.

5 Para montar o tortellini, abra a massa, faça 24 círculos, usando um cortador de 9 cm, e recheie cada um com a bolinha embrulhada com o espinafre, dobrando e moldando na forma do tortellini (passos 1-8, página 28). Branqueie e reserve até o momento de sua utilização (passos 9-10, página 28).

6 Para preparar o gazpacho, faça um purê com os tomates-cereja usando um processador de alimentos ou liquidificador. Coe em um coador colocado sobre uma panela. Ferva lentamente o líquido até reduzir pela metade. Adicione o creme de leite, os cubos de manteiga e o azeite. Bata novamente até ficar com a consistência de um purê e coe uma vez mais. Tempere, prove e reserve.

7 Descasque o aipo-rábano e corte-o em fatias finas, à julienne. Aqueça aproximadamente 2 cm de óleo vegetal em uma frigideira funda e frite-o até que fique dourado e crocante. Escorra bem.

8 Para servir, prepare a salada de folhas e disponha no centro da travessa. Branqueie o tortellini novamente por 2 minutos, escorra bem e disponha-os ao redor da salada. Misture o tapenade com uma colher de sopa de azeite. Esquente o gazpacho e, para finalizar, coloque-o ao redor do tortellini, seguido pela mistura de tapenade. Disponha um pedaço de aipo-rábano sobre cada tortellini e sirva imediatamente.

Canelone de caranguejo com sopa de mariscos

ALGUMAS PESSOAS PODEM ACHAR MAIS DIFÍCIL FAZER CANELONE DO QUE RAVIÓLI, MAS ACHO QUE VALE A PENA PERSEVERAR. NESTA RECEITA O RECHEIO É FEITO DE CARANGUEJO FRESCO E CORTADO EM PEDAÇOS, UNIDOS POR UM PURÊ DE SALMÃO CRU. OS CANELONES SÃO SERVIDOS EM UMA SOPA DE VIEIRAS E OSTRAS. SIRVA COMO ENTRADA OU PRATO PRINCIPAL.

INGREDIENTES

(para 2-4)

PARA O CANELONE

1 receita (200 g) de Massa de Macarrão caseira (página 27)

25 g de salmão cru fresco batido até obter a consistência de um purê

100 g de carne branca fresca de caranguejo cozida

1 colher de sopa de manjericão picado

50 ml de creme de leite

PARA A SOPA

500 ml de Velouté de Peixe (página 14)

4 ostras sem as conchas e com os sucos reservados (página 36)

4 vieiras médias sem as conchas, limpas, lavadas (página 40) e cortadas em cubos

2 colheres de sopa de cerefólio picado

sal marinho e pimenta-do-reino moída na hora

1 Tenha à mão a massa caseira e o velouté de peixe. Para fazer o recheio do canelone, bata o salmão em um processador de alimentos até que ele adquira a consistência de um purê fino. Se desejar, use mais salmão do que a quantidade solicitada (25 g); o restante pode ser congelado.

2 Bata o purê de salmão em uma tigela com uma colher de pau para que fique macio. Verifique se não há pequenos pedaços de casca misturados na carne de caranguejo. Se houver, retire-os. Misture o caranguejo ao purê de salmão e adicione o manjericão, o creme de leite e o tempero. Coloque a mistura em um saco de confeiteiro com um bico de 15 cm e leve à geladeira para resfriar.

3 Abra a massa como para o ravióli (página 29). Corte 4 tiras de 10 x 15 cm. Vale a pena cortar algumas a mais, caso você erre ou sobre recheio.

4 Em uma panela, ferva água com um pouco de sal. Branqueie as tiras de massa por 10 segundos e mergulhe-as imediatamente em uma tigela de água gelada. Escorra e seque com um pano de prato seco e limpo.

5 Disponha cada tira de massa sobre um pedaço de papel-filme e coloque o recheio com o saco de confeiteiro, transversalmente, logo acima do centro. Enrole como um charuto, certificando-se de que está bem feito e firme. Vire e ate as pontas do papel-filme para fechar o canelone; isso manterá o recheio no lugar. Leve à geladeira para firmar melhor. Repita o processo com as outras tiras de massa e o recheio restante.

6 Quando já estiverem firmes, branqueie os canelones, ainda embrulhados no papel-filme, em água fervente por 4 minutos. Escorra.

7 Para fazer a sopa, ferva o velouté de peixe. Adicione as ostras e escalde rapidamente por 30 segundos; acrescente as vieiras e o suco das ostras. Aqueça por mais 30 segundos e acerte o tempero. Adicione o cerefólio.

8 Para servir, desembrulhe os canelones e descarte o papel-filme. Coloque cada um no centro de cada tigela de sopa aquecida. Ponha as ostras as vieiras e cubra com a sopa. Sirva imediatamente.

Risoto de confit de tomate com cogumelos

SIMPLES, MAS PERFEITO. O RISOTO É UM PRATO DELICIOSO E AGRADÁVEL, E, AO CONTRÁRIO DA OPINIÃO POPULAR, PARTE DELE PODE SER PREPARADA COM ANTECEDÊNCIA E FINALIZADA IMEDIATAMENTE ANTES DE SERVIR. EU PREFIRO USAR O ARROZ CARNAROLI, MAS O ARBÓRIO OU O VIALONE NANO TAMBÉM SERVEM. O ARROZ COMUM NÃO DARÁ O MESMO RESULTADO. O MÉTODO ABAIXO DESCRITO É PARA COZINHAR O RISOTO ANTECIPADAMENTE, MAS VOCÊ PODE – É CLARO – SERVI-LO FRESCO LOGO APÓS O COZIMENTO, PARA UMA REFEIÇÃO SIMPLES E RÁPIDA.

INGREDIENTES

(para 3-4, como prato principal)

PARA O RISOTO

500 ml de Caldo de Frango (página 18) ou Caldo de Legumes à la Nage (página 13)
2 echalotes grandes cortadas em fatias finas
3 colheres de sopa de azeite de oliva
200 g de arroz para risoto (ex.: carnaroli, arbório ou vialone nano)
100 ml de vinho branco seco
2 colheres de sopa de queijo mascarpone
25 g de queijo parmesão ralado na hora

PARA O TEMPERO

250 g de Confit de Tomate (página 98)
200 g de cogumelos frescos
4 colheres de sopa de azeite de oliva
1 colher de sopa de manjericão, cebolinha e cerefólio picados
sal marinho e pimenta-do-reino moída na hora

1 Cozinhe o caldo de frango ou o caldo de legumes em uma panela até levantar fervura. Reserve.

2 Em uma panela média, salteie levemente as echalotes em 3 colheres de sopa de azeite durante 2 minutos, ou até que estejam macias. Acrescente o arroz e cozinhe por mais 2 minutos para selar o arroz.

3 Adicione o vinho e deglace a panela. Cozinhe até que o líquido tenha sido reduzido à consistência de xarope.

4 Enquanto isso, reaqueça o caldo de frango ou o caldo de legumes e deixe ferver lentamente em fogo baixo. Acrescente uma concha cheia de arroz de cada vez, mexendo bem e adicionando mais caldo somente depois que a quantidade de líquido na panela tenha sido absorvida. Cozinhe até que fique *al dente* – aproximadamente 10 minutos.

5 Coe o arroz em uma peneira colocada sobre uma tigela, reservando o líquido para uso posterior. Espalhe o arroz em uma travessa. Quando estiver frio, cubra e reserve até o momento de esquentar novamente e servir.

6 Enquanto isso, fatie os cogumelos e esquente 4 colheres de sopa de azeite em uma frigideira. Salteie os cogumelos dos dois lados até que estejam bem dourados – aproximadamente 5 minutos. Retire com uma escumadeira e reserve um pouco dos mais bonitos para decorar. Reserve o caldo que ficou na panela.

7 No momento de servir, tenha à mão o confit de tomate. Volte o arroz à panela com duas colheres de sopa de seu líquido de cozimento previamente reservado, mexendo bem. Cozinhe durante 3 minutos, acrescentando um pouco mais do líquido reservado se o arroz parecer um pouco espesso. Misture rapidamente o queijo mascarpone e o parmesão até obter uma consistência leve e cremosa. Acerte o tempero.

8 Adicione o confit de tomate, os cogumelos (exceto os reservados para a decoração) e as ervas.

9 Disponha o risoto em tigelas aquecidas, decore com o restante dos cogumelos, regue com o caldo que sobrou do cozimento deles e sirva imediatamente.

Risoto de mariscos

ESTA É UMA RECEITA IDEAL PARA EXPLORAR AS QUALIDADES ESPECIAIS DAS AMÊIJOAS OU LAMBRETAS.

INGREDIENTES

(para 3 a 4, como prato principal)

PARA O RISOTO

500 ml de Caldo de Peixe (página 14) e um pouco a mais para esquentar
2 echalotes grandes cortadas em fatias finas
3 colheres de sopa de azeite de oliva e um pouco mais para servir
200 g de arroz para risoto (ex. carnaroli, arbório ou vialone nano)
50 ml de vinho branco seco
1 colher de sopa de queijo mascarpone
1 colher de sopa de queijo parmesão ralado na hora

PARA OS TEMPEROS

200 g de mariscos frescos (lambretas ou amêijoas)
50 ml de vinho branco seco
1 folha de louro
2 colheres de sopa de pimentão vermelho sem pele e cortado em cubos pequenos
2 colheres de sopa de pimentão amarelo sem pele e cortado em cubos pequenos
50 ml de creme de leite levemente batido
1 colher de sopa de cebolinha e manjericão picados
alguns ramos de cerefólio
sal marinho e pimenta-do-reino moída na hora

1 Tenha à mão o caldo de peixe.

2 Verifique os mariscos e descarte todos os que estiverem abertos. Lave-os com bastante água fria, esfregando as conchas com uma pequena escova e trocando a água duas ou três vezes. Escorra. Coloque-os em uma panela com o vinho branco e a folha de louro.

3 Tampe e cozinhe os mariscos por 2 ou 3 minutos para que o vapor abra suas conchas. Agite a panela uma ou duas vezes. Retire do fogo e descarte todos os mariscos que não tenham aberto. Coe em um escorredor de macarrão sobre uma tigela, reservando o caldo.

4 Quando os mariscos tiverem esfriado o bastante para serem manuseados, retire a carne das conchas e reserve.

5 Branqueie brevemente os pimentões picados em água fervente até que eles fiquem macios. Mergulhe em água gelada e escorra.

6 Faça a base do risoto como para o risoto de confit de tomate com cogumelos (passos 1–5, página 85), substituindo o caldo de peixe pelo caldo de frango ou o caldo de legumes.

7 Finalize o risoto (passo 7, página 85), adicionando o caldo dos mariscos previamente reservado antes de acrescentar os queijos mascarpone e parmesão. Adicione os pedaços de pimentão e o creme de leite batido. Reaqueça lentamente e verifique o tempero.

8 Reaqueça os mariscos em um pouco de caldo e adicione a cebolinha e o manjericão. Coloque o risoto no centro de pratos aquecidos e disponha os mariscos ao redor. Regue com um fio de azeite e decore com os ramos de cerefólio. Sirva imediatamente.

Risoto de ervas com vieiras

ESTE PRATO É FEITO USANDO O MÉTODO BÁSICO PARA RISOTOS INDICADO NO RISOTO DE CONFIT DE TOMATE COM COGUMELOS (PÁGINA 85). A DIFERENÇA É QUE AQUI USAMOS CALDO DE PEIXE EM VEZ DE CALDO DE FRANGO OU DE LEGUMES À LA NAGE, E VIEIRAS INTEIRAS OU CORTADAS EM VEZ DE COGUMELOS. AS VIEIRAS PODEM SER INCLUÍDAS NESTE PRATO DE TRÊS MANEIRAS: INTEIRAS, SE PEQUENAS; CORTADAS AO MEIO E SALTEADAS RAPIDAMENTE NO AZEITE E SERVIDAS POR CIMA DO RISOTO; OU CORTADAS EM CUBOS, SALTEADAS NO AZEITE E ADICIONADAS NO FIM.

1 Tenha à mão o caldo de peixe.

2 Se estiver usando vieiras médias, corte-as ao meio para usá-las como guarnição ou corte-as em cubos para que possam ser incorporadas ao risoto. Reserve.

3 Faça a base do risoto da mesma maneira que no Risoto de Confit de Tomate com Cogumelos (passos 1-5, página 85), substituindo o caldo de peixe por caldo de frango ou caldo de legumes.

4 Aqueça a panela com um fio de azeite e salteie as vieiras inteiras ou cortadas durante 1 minuto de cada lado. Se tiver cortado as vieiras em cubos, salteie por mais ou menos 2 minutos, agitando sempre a panela. Reserve.

5 Finalize o risoto (passo 7, página 85), adicionando os queijos mascarpone e parmesão. Misture o creme de leite batido e as ervas frescas. Verifique o tempero. Se estiver utilizando as vieiras cortadas em cubos, use-as como guarnição. Sirva o risoto em pratos aquecidos. Regue com um fio de azeite e com o vinagre balsâmico e sirva imediatamente.

INGREDIENTES

(para 3 a 4, como prato principal)

PARA O RISOTO

- **500 ml de Caldo de Peixe (página 14)**
- **2 echalotes grandes cortadas em fatias finas**
- **3 colheres de sopa de azeite de oliva e mais um fio para saltear e servir**
- **200 g de arroz para risoto (ex.: carnaroli, arbório ou vialone nano)**
- **50 ml de vinho branco seco**
- **1 colher de sopa de queijo mascarpone**
- **1 colher de sopa de queijo parmesão ralado na hora**

PARA OS TEMPEROS

- **30 vieiras pequenas ou 9 vieiras médias sem a concha, cortadas e lavadas (página 40)**
- **50 ml de creme de leite levemente batido**
- **1 colher de sopa de estragão, cebolinha e manjericão picados**
- **2 colheres de sopa de vinagre balsâmico**
- **sal marinho e pimenta-do-reino moída na hora**

Legumes

Apesar de ser conhecido por meu apurado interesse por pratos principais de peixe e carne, tenho um respeito saudável pelos legumes; e se você combinar duas ou três das minhas ideias com legumes, substituindo o caldo de frango ou de peixe pelo Caldo de Legumes à la Nage (página 13), terá um fantástico prato principal vegetariano.

Esse respeito pelos legumes significa que 95% deles são cozidos no momento do pedido, no último minuto, mantendo assim a vibração da cor e o fresco do sabor. Também insisto com meus chefs para que prestem muita atenção ao preparo dos legumes. Nas saladas, apenas as folhas de melhor qualidade são usadas; espinafre e brócolis, por sua vez, são retirados de seus talos. Uma seleção adequada também é crucial: o tipo de batata usado, por exemplo, pode fazer o sucesso de um prato, ou destruí-lo.

Aproximadamente um terço dos pratos principais envolve vegetais, que – admito – uso como guarnição. Mas não para serem deixados de lado no prato. Ao contrário, devem ser considerados parte integrante do prato, pois incrementam e complementam os outros ingredientes. Tome como exemplo meu Confit de Tomate (página 98), a Batata Rösti (página 94) ou o Salsifi Refogado (página 92). São ótimos acompanhamentos para – digamos – peixe assado ou carne frita, mas também são memoráveis por sua própria conta. Uma boa porção de legumes pode elevar um prato ao sublime.

Salsifi refogado

MARAVILHOSO COM BADEJO E DIVERSOS OUTROS PEIXES ASSADOS. SE NÃO PLANTAR O SALSIFI EM SUA HORTA, TALVEZ SEJA PRECISO ENCOMENDÁ-LO: TRATA-SE DE UM LEGUME POUCO CONHECIDO, MAIS COMUM NA EUROPA.

INGREDIENTES
(para 6 a 8)

200 ml de Caldo de Peixe (página 14)
500 g de salsifi
700 ml de água fria
100 ml de leite
suco de 1 limão-siciliano
1 colher de sopa de sal-gema
50 g de manteiga
1 bouquet garni fresco (página 18)
sal marinho e pimenta-branca moída

1 Tenha à mão o caldo de peixe.
2 Lave bem o salsifi. Descasque a parte superior e a inferior. Coloque imediatamente em uma panela com a água, o leite, o suco de limão e o sal-gema.
3 Cozinhe até levantar fervura. Retire do fogo e deixe o salsifi esfriar na água leitosa.
4 Escorra e corte em pedaços compridos de 4 cm ou fatias grossas, à julienne. Preaqueça o forno a 180°C.
5 Aqueça a manteiga em uma frigideira grande e que possa ser levada ao forno ou em uma caçarola de ferro fundido rasa. Adicione os pedaços de salsifi e frite com cuidado até que comecem a dourar e caramelizar.
6 Acrescente caldo de peixe suficiente para cobrir o salsifi. Mexa, adicione o bouquet garni e cozinhe no forno, destampado, durante 12 a14 minutos, até que o líquido tenha evaporado e o salsifi esteja brilhante e vitrificado. Acerte o tempero e sirva.

Chicória refogada

O GOSTO LEVEMENTE AMARGO DA CHICÓRIA CRUA É ELIMINADO POR ESTE PROCESSO DE COZIMENTO, QUE LHE GARANTE UM SABOR QUASE ADOCICADO. A CHICÓRIA REFOGADA TAMBÉM FICA COM UM BRILHO ATRAENTE. SIRVA COM SALMÃO, CORDEIRO OU COELHO.

INGREDIENTES
(para 4-6, como acompanhamento)

200 ml de Caldo de Frango (página 18) ou Caldo de Peixe (página 14) para deglaçar
8 cabeças médias de chicória
3 colheres de sopa de suco fresco de limão-siciliano
3 colheres de sopa de açúcar refinado
25 g de manteiga
sal marinho e pimenta-do-reino moída na hora

1 Tenha à mão o caldo de frango ou de peixe.
2 Retire todas as folhas externas danificadas da chicória e corte as pontas. Use uma faca afiada para retirar o talo amargo.
3 Coloque água em uma panela e espere levantar fervura. Adicione o suco de limão, 1 colher de sopa de sal, 1 colher de sopa de açúcar, e prove. Branqueie a chicória por 8 a 10 minutos e escorra bem.
4 Disponha as cabeças de chicória em uma única camada numa travessa. Polvilhe o restante do açúcar e tempere bem com sal e pimenta. Deixe esfriar por 10 minutos.
5 Com as mãos, aperte com cuidado as cabeças para retirar o líquido amargo; depois reserve, secando bem com papel-toalha, se necessário.
6 Em uma frigideira grande, derreta a manteiga em fogo quase alto. Quando estiver quente, mas não fumegante, coloque as cabeças de chicória e doure-as de maneira uniforme por 2 ou 3 minutos de cada lado.

7 Deglace com um pouco de caldo, agitando a panela com cuidado para cobrir as cabeças de chicória. Sirva quente.

Minicebolas vitrificadas

SIRVA COMO ACOMPANHAMENTO DE FRANGO OU CORDEIRO ASSADOS OU CARNES GRELHADAS. DÊ PREFERÊNCIA A CEBOLAS DE VARIEDADES MENOS PUNGENTES E MAIS ADOCICADAS, QUE TÊM UM SABOR MAIS AGRADÁVEL.

INGREDIENTES
(para 8)

400 g de minicebolas
15 g de manteiga
1 colher de sopa de azeite de oliva
1 colher de sopa de sal-gema
1 folha de louro
1 ramo de tomilho
um pouco de açúcar refinado para polvilhar

1 Descasque as cebolas e corte as raízes. Para fazer isso mais facilmente, branqueie as cebolas em água fervente durante um minuto; as cascas devem sair sem dificuldade. Preaqueça o forno a 180°C.
2 Em uma frigideira com o fundo resistente e que possa ser levada ao forno, esquente a manteiga e o azeite. Acrescente as cebolas e agite bem a panela para cobri-las.
3 Polvilhe o sal. Adicione a folha de louro e o tomilho. Salteie as cebolas em fogo médio até que elas fiquem levemente douradas.
4 Polvilhe um pouco de açúcar e cubra as cebolas com papel-manteiga ou papel-alumínio untado com manteiga. Leve ao forno. Deixe assar por 20 minutos, aproximadamente, erguendo o papel e virando as cebolas a cada 5 minutos, até que fiquem macias no centro e comecem a caramelizar. Retire a folha de louro e o tomilho e sirva.

Confit de Echalote

VALE A PENA FAZER UMA GRANDE QUANTIDADE DESTE CONFIT E ARMAZENAR NA GELADEIRA, POIS ELE PODERÁ SER APROVEITADO EM VÁRIAS RECEITAS DESTE LIVRO. É, SOBRETUDO, UM TEMPERO EXCELENTE, ESPECIALMENTE QUANDO MISTURADO COM VINAGRETE. PARA UM MELHOR RESULTADO, COZINHE O CONFIT NO FOGO MAIS BAIXO POSSÍVEL. SE SEU FOGÃO NÃO PERMITIR ESSE CONTROLE, COLOQUE A PANELA SOBRE UM DIFUSOR DE CALOR DE METAL.

INGREDIENTES
(para 250 ml)

8–10 echalotes grandes sem as raízes
150 ml de azeite de oliva extravirgem
sal-gema
1 ramo de tomilho
1 folha de louro

1 Usando uma faca grande e afiada, corte as echalotes em pequenos cubos.
2 Em uma panela de fundo resistente, disponha as echalotes, o azeite, uma pitada de sal, o tomilho e a folha de louro.
3 Deixe a panela no fogo médio até que o azeite esquente. Depois, ajuste o fogo no nível mais baixo possível e continue a cozinhar as echalotes até que estejam macias e derretendo – aproximadamente 2 horas. Reserve para esfriar. Armazene na geladeira em um recipiente bem fechado, no qual o confit irá durar uma semana, ou, se coberto por uma camada de azeite, até um mês.

Batata rösti

A BATATA RÖSTI É UM ACOMPANHAMENTO LEVE E CROCANTE, PERFEITO PARA CARNES, PEIXES OU LEGUMES. VOCÊ PODE FAZÊ-LA COM UMA OU DUAS HORAS DE ANTECEDÊNCIA E MANTÊ-LA AQUECIDA DESTAMPADA NO FORNO BAIXO, OU ENTÃO REAQUECÊ-LA NO MOMENTO DE SERVIR. ESCOLHA BATATAS QUE MANTENHAM A FORMA DURANTE A FRITURA. NO MEU RESTAURANTE, FRITAMOS QUATRO BATATAS POR VEZ EM UMA FRIGIDEIRA GRANDE, USANDO FÔRMAS VAZADAS DE 10 cm DE DIÂMETRO. SE VOCÊ NÃO TIVER FÔRMAS SUFICIENTES DO MESMO TAMANHO, FAÇA SIMPLESMENTE UMA DE CADA VEZ. ELAS LEVAM APENAS ALGUNS MINUTOS PARA FICAR PRONTAS.

INGREDIENTES
(para 4)

85 g de manteiga
500 g de batatas descascadas
sal marinho

1 Clarifique dois terços da manteiga. Para isso, derreta lentamente a manteiga em uma panela pequena, retire do fogo e espere 2 minutos. Derrame a gordura clara em uma tigela, separando os resíduos leitosos, que podem ser descartados. Deixe esfriar.
2 Com a lâmina para cortar fino ou para fatiar, corte as batatas no seu processador de alimentos em fatias longas e finas, à julienne. Seque as fatias colocando-as em um pano limpo e apertando com força. Coloque-as em uma tigela grande.
3 Tempere com sal e prove. Adicione a manteiga clarificada. Deixe esfriar um pouco para que a mistura fique mais fácil de manusear.

4 Aqueça uma frigideira de base resistente e coloque nela uma ou mais moldes de metal vazados. Pressione um pouco da mistura de batatas em cada molde para que fique bem modelada. Enquanto a mistura frita, coloque uma bolinha de manteiga restante ao lado de cada molde.

5 Quando a parte inferior estiver dourada – aproximadamente 2 minutos –, retire o molde e vire o rösti com uma espátula. Frite o outro lado por mais 2 minutos ou até que fique crocante. Repita o processo com o restante da mistura e da manteiga. Coloque cada rösti em papel-toalha e mantenha em um lugar aquecido até o momento de servir.

Purê de batata

ESTA RECEITA TORNA O PURÊ DE BATATA ESPECIAL. O SEGREDO É ESCOLHER BATATAS BOAS PARA PURÊ, CORTÁ-LAS EM PEDAÇOS GROSSOS DE TAMANHOS IGUAIS PARA QUE COZINHEM DE MANEIRA UNIFORME E, FINALMENTE, USAR UM ESPREMEDOR DE BATATAS PARA ESMAGÁ-LAS.

INGREDIENTES
(para 1 kg)

- **1 kg de batatas grandes descascadas e cortadas em pedaços grossos de 5 cm**
- **150 ml de creme de leite**
- **85 g de manteiga sem sal cortada em cubos**
- **noz-moscada ralada na hora**
- **sal marinho e pimenta-branca moída**

1 Lave bem os pedaços de batata em água fria corrente para remover o excesso de amido. Coloque-os em uma panela grande, cubra-os com água, adicione uma colher de sopa de sal e cozinhe até levantar fervura. Ferva lentamente em fogo baixo até que fiquem macios – geralmente 12 a 15 minutos. Escorra bem. Coloque-os de volta na panela em fogo baixo e agite-a bem, até que todo o excesso de água tenha evaporado.

2 O ideal é fazer o purê com um um espremedor de batatas ou com uma prensa pesada. Não utilize o processador de alimentos, pois as batatas ficarão pegajosas.

3 Em outra panela, ferva o creme de leite até reduzi-lo à metade. Desligue o fogo. Misture o creme ao purê de batata. Adicione a manteiga, a noz-moscada e tempere a gosto.

Concassé de tomate

VÁRIAS DE MINHAS RECEITAS CONTAM COM A INESTIMÁVEL AJUDA DE TOMATES SEM PELE, SEM SEMENTES E CORTADOS EM CUBOS. O CONCASSÉ DE TOMATE É QUASE SEMPRE ADICIONADO QUANDO OS PRATOS JÁ ESTÃO QUASE PRONTOS, TANTO EM FORMA DE MOLHO QUANTO COMO GUARNIÇÃO. SEMPRE QUE POSSÍVEL, PREFIRA TOMATES ITALIANOS BEM MADUROS E CHEIOS DE SABOR.

INGREDIENTES

(para aproximadamente 300 g; 2 tomates rendem 100 g)

500 g de tomates italianos maduros

1 Com uma faca pequena e afiada, retire a parte superior do tomate (a "tampa") e corte a parte inferior o suficiente apenas para perfurar a pele. Ponha os tomates em uma tigela e cubra com água fervente. Espere 1 ou 2 minutos até que a pele comece a enrugar. Escorra a água, lave os tomates em água fria corrente e retire a pele.

2 Corte os tomates ao meio, retire as sementes e a polpa interna e corte-os em cubos pequenos. Coloque-os em uma tigela, cubra e reserve na geladeira até o momento da utilização.

Purê de tomate

ESTE PURÊ É MUITO DIFERENTE DO PURÊ DE TOMATE ENLATADO! SUA TEXTURA E SUA COR SÃO MUITO MAIS LEVES E ELE POSSUI UM ÓTIMO SABOR FRESCO. FICA EXCELENTE MISTURADO AO CAVIAR DE BERINJELA (PÁGINA 101). SE VOCÊ TIVER RAMOS DE MANJERICÃO OU DE SALSA, ADICIONE-OS DURANTE O COZIMENTO, PARA DAR UM SABOR ADICIONAL.

INGREDIENTES

(para 600 ml)

1 kg de tomates, de preferência italianos, maduros e sem a pele
100 ml de azeite de oliva extravirgem
3 echalotes fatiadas
2 dentes de alho socados
1 bouquet garni (página 18)

1 Preaqueça o forno a 180°C. Corte os tomates em quatro. Descarte as sementes e a parte superior. Corte o restante em cubos grandes.

2 Esquente o azeite em uma panela de ferro fundido que possa ser levada ao forno e frite com cuidado as echalotes e o alho por 3 ou 4 minutos, até que fiquem macios, mas não dourados.

3 Acrescente os tomates, o bouquet garni e outros ramos de ervas, se desejar. Tampe e leve ao forno por 50 a 60 minutos, ou até que fiquem macios. Retire o bouquet garni e os ramos de ervas. Bata a mistura de tomates em um processador de alimentos até obter a consistência de um purê. Esfrie e utilize quando necessário.

ARMAZENAMENTO

O PURÊ DURA ATÉ 3 DIAS EM UM POTE BEM FECHADO GUARDADO NA GELADEIRA, E UM POUCO MAIS SE COBERTO COM UMA CAMADA DE AZEITE. PODE TAMBÉM SER CONGELADO – EM PORÇÕES DE 100 ml APROXIMADAMENTE – POR ATÉ 2 MESES.

Confit de tomate

PARA ESTA GUARNIÇÃO OU ACOMPANHAMENTO DELICIOSO, OS DISCOS DE TOMATE SÃO MACERADOS LENTAMENTE EM FORNO BAIXO COM AZEITE DE OLIVA AROMATIZADO, ALHO E TOMILHO AROMÁTICO.

INGREDIENTES
(para para 75 g)

6 tomates italianos grandes
azeite de oliva para regar
2 dentes de alho descascados e cortados em lascas
1 ramo grande de tomilho
pimenta-do-reino moída na hora

1 Com uma faca pequena e afiada, retire a parte superior do tomate (a "tampa") e corte a parte inferior o suficiente apenas para perfurar a pele. Ponha os tomates em uma tigela e cubra com água fervente. Espere 1 ou 2 minutos até que a pele comece a enrugar. Escorra a água, lave os tomates sob água fria corrente e retire a pele.

2 Preaqueça o forno na temperatura mais baixa possível – aproximadamente 80°C. Corte os tomates ao meio e retire as sementes e o miolo.

3 Usando um cortador de massas oval ou redondo de aproximadamente 4 cm de diâmetro, corte um molde em cada metade do tomate. Estique-os com a parte sem pele para cima em uma travessa pequena e rasa e regue com o azeite.

4 Espalhe as lascas de alho e as folhas de tomilho sobre os tomates. Leve ao forno.

5 Asse por 1 ou 2 horas, pincelando azeite uma ou duas vezes, até que os tomates estejam macios, mas ainda mantendo sua forma. Tempere com a pimenta-do-reino moída, deixe esfriar e coloque em um prato. Cubra e leve à geladeira até o momento da utilização.

Trouxinha de repolho

SERVIMOS COMO GUARNIÇÃO PARA POMBOS, MAS TAMBÉM FICAM ÓTIMAS COM DIVERSOS OUTROS PRATOS COM AVES DOMÉSTICAS, CARNES E CARNES DE CAÇA. CADA TROUXINHA DE FOLHA DE REPOLHO É RECHEADA COM UM POUCO DE NOSSA MISTURA DE TERRINA DE FOIE GRAS COM CONFIT DE PATO (PÁGINA 63). EM CASA, VOCÊ PODE USAR SEU PRÓPRIO PATÊ CREMOSO. OS VEGETARIANOS TALVEZ PREFIRAM SUBSTITUIR O PATÊ POR UMA MISTURA DE ERVAS COM COGUMELOS CORTADOS EM FATIAS FINAS.

INGREDIENTES

(rende 24 trouxinhas, para 6–8)

12 folhas grandes de repolho, de preferência crespo
150 g de Terrina de Foie Gras com Confit de Pato (página 63) ou patê leve de fígado
2 colheres de sopa de creme de leite
1 colher de sopa de cerefólio picado
sal marinho e pimenta-do-reino moída na hora

1 Branqueie as folhas de repolho em água fervente com um pouco de sal durante 15 segundos, ou até que murchem. Mergulhe-as em água gelada para refrescá-las e para que mantenham a cor.

2 Seque-as com um pano limpo. Com um cortador reto de 7,5 cm, corte 24 círculos nas folhas, evitando os talos duros.

3 Amoleça a mistura de terrina de foie gras com confit de pato ou o patê de fígado e misture o creme de leite, o cerefólio e o tempero, se desejar. Coloque em um saco de confeiteiro com um bico pequeno e reto encaixado.

4 Corte um pedaço de papel-filme suficiente para embrulhar completamente uma folha de repolho – 20 cm aproximadamente. Coloque a folha de repolho no centro do papel-filme e ponha-a na palma da mão. Com o saco de confeiteiro, disponha aproximadamente 1 colher de sopa de foie gras ou patê em cada folha. Levante as pontas do papel-filme com a folha e molde em forma de bola, embrulhando bem para não formar bolhas de ar. Torça e amarre o excesso de papel-filme na parte superior. Repita o processo até que todas as folhas estejam recheadas e embrulhadas.

5 Branqueie as folhas em água fervente por 3 minutos. Escorra e, quando estiverem frias o bastante para manusear, retire o papel-filme e sirva.

Creme de salsinha

SIRVA COMO GUARNIÇÃO PARA FILÉS FRITOS DE CARNE OU MISTURADO AO VELOUTÉ DE PEIXE (PÁGINA 14), COMO UM ACOMPANHAMENTO VIBRANTE PARA BACALHAU.

INGREDIENTES

(para 4)

2 maços grandes de salsinha crespa (aproximadamente 100 g)
100 g de folhas grandes de espinafre
50 ml de creme de leite
sal marinho e pimenta-branca moída na hora

1 Retire os talos da salsa e do espinafre, lave as folhas e escorra.

2 Em uma panela com água fervente, branqueie a salsinha e o espinafre por 4 minutos, adicionando primeiro a salsinha e 1 minuto depois o espinafre.

3 Escorra bem, mas não refresque na água fria. Para secar completamente as folhas, coloque-as sobre um pano de prato limpo e embrulhe segurando firme e espremendo para retirar toda a água.

4 Em uma panela pequena, ferva o creme de leite em fogo baixo até que reduza pela metade.
5 Enquanto isso, bata a salsinha e o espinafre em um processador de alimentos até obter um purê. Adicione o creme de leite reduzido, tempere e prove. Esfrie e use quando necessário.

Caviar de berinjela

ACOMPANHAMENTO IDEAL PARA PRATICAMENTE TODOS OS TIPOS DE LEGUMES, ESTA POLPA DE BERINJELA DERRETIDA TEM VÁRIAS UTILIZAÇÕES: SERVIDA SOBRE CASCAS DE BERINJELA, É UM EXCELENTE ACOMPANHAMENTO PARA CARNEIRO E PEIXE ASSADO, COMO O TAMBORIL, QUE TEM A CARNE MAIS FIRME; É UMA BASE VERSÁTIL PARA DIVERSOS PRATOS PRINCIPAIS VEGETARIANOS E UMA ÓTIMA ENTRADA QUANDO MISTURADO COM UM POUCO DE RAIZ-FORTE FRESCA RALADA.

INGREDIENTES
(para 450 ml)

1 berinjela média
sal-gema
1 dente de alho grande socado grosseiramente
1 ramo de alecrim

1 Preaqueça o forno a 220°C. Corte a berinjela ao longo do comprimento pela metade, perfure a polpa e polvilhe sal nas duas metades.
2 Coloque o alho e o alecrim em uma metade e feche com a outra. Embrulhe bem com papel-alumínio.
3 Asse durante 45 minutos. Abaixe o fogo para 110°C e asse por mais 20 minutos, até que as cascas estejam murchas e a polpa esteja completamente macia.
4 Desembrulhe, raspe e descarte o alho e o alecrim. Coloque a polpa da berinjela em uma tábua. Quando estiver fria o suficiente para manusear, corte-a em cubos pequenos com uma faca grande e afiada e diponha-os em uma panela rasa.
5 Em fogo médio, mexa a polpa até que umidade excessiva tenha evaporado, deixando a polpa – ou "caviar" – perfeitamente seca. Use conforme a necessidade.

Peixes e Frutos do Mar

Sempre fui fascinado por peixes e frutos do mar, e eles são grande parte do meu menu, principalmente no verão. Talvez seja simplesmente a diversidade de variedades que me excita, seu potencial criativo que vem da vibração de suas cores, da variação de texturas e da gama de sabores.

Quando saio para comer, na maioria das vezes escolho peixe, talvez porque, inconscientemente, prefira um peixe pescado no dia anterior a um filé mignon de três semanas. Quando cozinho peixes, gosto de manter o prato simples, alterando o menos possível, assando o peixe apenas com azeite e limão, ou no vapor sobre um court-bouillon bem temperado. Também passo muito tempo preparando o peixe, cortando, procurando meticulosamente por espinhas, e depois embrulhando em filme plástico e resfriando antes do preparo – um processo que melhora a forma e deixa a carne firme.

Meu peixe preferido é o badejo – aliás, é o prato que assino – servido com um leve molho velouté de baunilha. Mas também gosto muito de crustáceos; de ostras com suas conchas grandes e escuras, tão frescas que são difíceis de abrir; de vieiras compradas de fornecedores que as pescam com rede, também tão frescas que, quando abertas, ainda pulsam.

Faço quatro bons usos das vieiras: as bordas são usadas em caldos; os pequenos músculos laterais são acrescentados a molhos velouté; os corais são secos e moídos formando um pó para temperar risotos; e, finalmente, a carne doce geralmente é levemente frita, muitas vezes cortada ao meio se for muito grande.

Filé de badejo com molho de baunilha

ESTA TEM SIDO UMA DE NOSSAS ESPECIALIDADES DESDE QUE INAUGURAMOS O RESTAURANTE. ALGUNS DIZEM QUE SE TORNOU NOSSA ASSINATURA E MUITOS CLIENTES PEDEM O PRATO ANTES MESMO DE SABER SE ESTÁ NO CARDÁPIO. TIVE ESSA IDEIA PELA PRIMEIRA VEZ EM PARIS, QUANDO VI LAGOSTA SERVIDA COM MOLHO DE BAUNILHA. SENTI QUE OS SABORES FICARIAM FANTÁSTICOS SE ACENTUADOS COM SALSIFI REFOGADO, CUJA MELHOR ÉPOCA É O OUTONO. QUANDO NÃO É ÉPOCA DE SALSIFI, SIRVO O BADEJO SOBRE UMA CAMADA DE ESPINAFRE OU, COMO PREFIRO QUANDO ESTÁ DISPONÍVEL, ACELGA. PEÇA AO PEIXEIRO QUE CORTE O BADEJO EM FILÉS, MAS NÃO DEIXE QUE ELE RETIRE A PELE, QUE TEM UM BELO BRILHO PRATA-ACINZENTADO QUE GOSTO DE EXIBIR NA APRESENTAÇÃO DO PRATO.

1 Tenha à mão o caldo de peixe.

2 Corte os filés de badejo em 4 "tiras", ou fatias iguais. Corte a pele com cuidado, usando uma faca afiada. Isso ajudará a caramelizar a pele durante o cozimento e evitará que ela enrole. Caso esteja preparando com antecedência, embrulhe bem o peixe em filme plástico (ao lado).

3 Passe o caldo de peixe por um coador fino e, em uma panela, cozinhe-o até levantar fervura. Abra na metade a fava de baunilha e raspe as sementes, acrescentando-as ao caldo quente. Em seguida, adicione a fava. Deixe o caldo esfriar completamente com a baunilha em infusão. Ferva em fogo baixo até reduzir em um terço. Descarte a fava.

4 Para preparar o salsifi, descasque e coloque imediatamente em água fria com um pouco de suco de limão para que não perca a cor. Branqueie em água fervente com sal durante 2 minutos. Escorra, refresque em água fria e escorra novamente. Seque e corte em pedaços grossos.

5 Derreta metade da manteiga em uma panela e adicione uma concha do caldo de baunilha. Espere levantar fervura, acrescente os pedaços de salsifi e cozinhe até que o molho tenha reduzido e apresente um brilho acetinado. Acrescente um terço do restante da manteiga. Os pedaços devem estar levemente dourados; se não estiverem, cozinhe por mais 1 minuto. Reserve.

6 Derreta mais um terço da manteiga em uma panela média e cozinhe a erva-doce até que fique bem dourada. Adicione mais uma concha de caldo de baunilha, o tomilho e a folha de louro. Tampe e cozinhe lentamente em fogo brando por 8 a 10 minutos. Reserve.

7 No momento de cozinhar o badejo, preaqueça o forno a 200°C. Remova o filme plástico, caso o tenha usado para embrulhar os filés. Esquente o azeite em uma frigideira de fundo resistente com alças removíveis ou à prova de calor, apropriadas para ir ao forno.

INGREDIENTES

(para 4)

1 litro de Caldo de Peixe (página 14)
1 badejo pesando pouco mais de 1 kg, com a pele e cortado em filés
1 fava de baunilha
400 g de salsifi
suco de 1 limão-siciliano
50 g de manteiga e uma bolinha congelada, para finalizar o molho
8 bulbos pequenos de erva-doce ou 1 bulbo grande sem o miolo dividido ao meio e fatiado
1 ramo de tomilho
1 folha de louro
2 colheres de sopa de azeite de oliva
1 colher de sopa de creme de leite
sal marinho, pimenta-do-reino moída na hora e blend especial de pimentas (página 106)

COMO FAZER PEIXE EM TIRAS

CORTES E MAIS CORTES – ESTE É O SEGREDO PARA UMA BOA APRESENTAÇÃO, ESPECIALMENTE PARA PEIXES. CORTE AS LATERAIS DOS FILÉS DE PEIXE COM UMA FACA AFIADA PARA DEIXÁ-LOS EM FORMATO RETANGULAR. SE OS FILÉS FOREM GRANDES, CORTE EM RETÂNGULOS DE APROXIMADAMENTE 7,5 X 10 cm. EMBRULHE-OS BEM EM FILME PLÁSTICO E LEVE À GELADEIRA PARA DEFINIR A FORMA. DESEMBRULHE ANTES DE COZINHAR.

8 Tempere o badejo com sal, pimenta e o restante do suco do limão. Aqueça o restante da manteiga na panela. Quando ela tiver parado de produzir espuma, coloque os filés com o lado da pele para baixo. Cozinhe por 3 ou 4 minutos e vire-os.

9 Leve a panela ao forno para cozinhar o outro lado dos filés também durante 3 ou 4 minutos. A carne deve estar firme, levemente elástica, e todo o líquido deve evaporar. Tempere o badejo com o meu blend especial de pimentas (ao lado).

10 Para o molho, reaqueça o restante do caldo de baunilha e acrescente o creme de leite. Reaqueça os pedaços de salsifi e a erva-doce em panelas separadas. Distribua a erva-doce em pratos aquecidos e, sobre ela, coloque o peixe com o lado da pele para cima. Disponha ao redor dele os pedaços de salsifi.

11 Para finalizar o molho, adicione a bolinha de manteiga congelada e reaqueça, batendo com um mixer até fazer uma espuma. Derrame o molho espumante sobre o peixe e regue o salsifi com o restante.

MEU BLEND ESPECIAL DE PIMENTAS

EM UMA TIGELA PEQUENA, MISTURE A MESMA QUANTIDADE DE PIMENTA-DO-REINO PRETA E BRANCA EM GRÃOS. ACRESCENTE ALGUMAS SEMENTES DE COENTRO, 2 OU 3 ANISES-ESTRELADOS E ALGUMAS FAVAS INTEIRAS DE CARDAMOMO VERDE. PONHA TUDO EM UM MOEDOR DE PIMENTA E MOA NA HORA DE USAR.

Confit de atum com molho de vinho tinto

OS FILÉS ALTOS DE ATUM FRESCO TÊM CARNE O SUFICIENTE PARA SEREM COZIDOS NO ESTILO CONFIT, EM GORDURA DE PATO OU DE GANSO, E SERVIDOS COM UM MOLHO BEM ENCORPADO DE VINHO TINTO. HÁ MUITAS VARIEDADES DE ATUM; NO AUBERGINE USAMOS O ATUM-RABILHO DO SUL DA FRANÇA.

INGREDIENTES

(para 4)

1 receita de Molho de Vinho Tinto (página 21)
4 x 180 g de fatias de atum fresco sem a pele
500 g de batatas novas escovadas
85 g de manteiga
2 colheres de sopa de azeite de oliva
150 g de minicebolas descascadas
2 colheres de sopa de açúcar de confeiteiro
200 g de vagem fresca picada
300 g de pontas de aspargos
2 colheres de sopa de salsinha picada
500 ml de gordura de pato ou de ganso
sal marinho e pimenta-do-reino moída na hora

1 Tenha à mão o molho de vinho tinto. Corte as fatias de atum para acertar as formas, se necessário.

2 Escalde as batatas até que fiquem quase cozidas, mas ainda firmes. Escorra e esfrie. Corte em pedaços de tamanhos iguais para saltear. Reserve.

3 Em uma frigideira de fundo resistente, derreta um terço da manteiga e aqueça metade do azeite. Quando estiver quente, salteie as cebolas por 10 minutos ou até que fiquem caramelizadas e douradas, polvilhando açúcar de confeiteiro e mexendo de vez em quando. Retire do fogo e mantenha aquecido.

4 Branqueie a vagem e os aspargos separadamente em água fervente com um pouco de sal até que estejam cozidos, mas ainda firmes. Escorra e reserve em um lugar aquecido.

5 Aqueça o restante da manteiga e do azeite em uma frigideira e salteie as batatas até que estejam douradas e crocantes, virando de vez em quando para que dourem de maneira uniforme. Escorra, polvilhe com salsinha, tempere e mantenha aquecido. Enquanto isso, reaqueça o molho de vinho tinto em uma panela pequena e mantenha aquecido.

6 No momento de cozinhar o atum, aqueça a gordura de pato ou de ganso em uma frigideira funda até uma temperatura média (aproximadamente 65°C), ou até que um cubo de pão amanhecido doure se mergulhado nela por 1 minuto.

7 Cozinhe os filés de atum, deixando-os totalmente imersos na gordura, durante 5 ou 6 minutos. Quando estiverem cozidos, devem estar levemente dourados na parte exterior, rosados na interior e sua consistência deve estar um pouco macia. Escorra bem em papel-toalha.

8 Para servir, disponha no centro de cada prato aquecido uma camada de batatas e cubra-a com um filé de atum. Disponha as cebolas, a vagem e os aspargos ao redor das bordas. Regue com o molho de vinho tinto e sirva.

Dourada ao pesto

UM DOS PEIXES MEDITERRÂNEOS TRADICIONALMENTE ASSOCIADOS COM O BOUILLABAISSE CLÁSSICO, A DOURADA TAMBÉM FICA DELICIOSA SERVIDA SIMPLESMENTE ASSADA OU FRITA, COMO NESTA RECEITA. DE TEXTURA FINA, É SEMELHANTE AO BADEJO E, ÀS VEZES, MAIS FÁCIL DE ENCONTRAR. SE QUISER, PEÇA PARA O PEIXEIRO JÁ CORTAR O PEIXE EM FILÉS PARA VOCÊ

INGREDIENTES

(para 2)

1 dourada inteira de aproximadamente 800 g cortada em 2 filés
alguns ramos de tomilho
¼ da receita de Purê de Batata (página 95)
2 colheres de sopa de molho Pesto (página 19)
2 a 3 colheres de sopa de Caldo de Peixe (página 14)
8 alcachofras pequenas
suco de ½ limão-siciliano
farinha de trigo comum para empanar
3 colheres de sopa de azeite de oliva
1 dente de alho descascado e socado
2 vieiras médias sem as conchas, limpas, lavadas (página 40) e cortadas em cubos
2 colheres de sopa de cebolinha picada
2 colheres de sopa de salsa picada
ramos de estragão
sal marinho e pimenta-do-reino moída na hora

1 Corte os filés de dourada em tamanhos iguais, verifique se não há espinhas e remova-as com pinças apropriadas para isso. Com a ponta de uma faca afiada, corte algumas vezes a pele com cuidado, para que o peixe não enrole ao cozinhar. Retire as "flores" dos ramos de tomilho e salpique com elas a carne. Cubra e resfrie.

2 Tenha à mão o purê de batata, o pesto e o caldo de peixe. Esquente novamente o purê e mantenha aquecido. Deixe o pesto mais ralo com o caldo de peixe e reserve.

3 Prepare as alcachofras como no Velouté de Alcachofra com Foie Gras (passo 2, página 47).

4 Coloque a farinha em uma tigela e tempere bem. Escorra as fatias de alcachofras, seque-as e passe-as na farinha, cobrindo-as com uma camada fina.

5 Esquente um pouco de azeite em uma frigideira antiaderente e salteie as alcachofras com o alho até que fiquem macias. Tempere levemente, retire do fogo e mantenha-as aquecidas.

6 Limpe a panela com papel-toalha. Esquente bem um pouco mais de azeite e salteie rapidamente as vieiras cortadas até que fiquem crocantes – isso não levará mais de 1 minuto. Retire do fogo e mantenha-as aquecidas.

7 Reaqueça a panela com o restante do azeite. Tempere a dourada e coloque-a com a pele voltada para baixo na panela quente. Cozinhe por 5 minutos ou até que esteja quase pronta (a carne deve estar levemente macia e a pele crocante). Vire e cozinhe o outro lado por 2 minutos aproximadamente.

8 Para servir, aqueça o pesto. Misture a cebolinha ao purê de batata e disponha a mistura no centro de cada prato. Regue com o pesto ao redor do purê e coloque sobre ele os pedaços de vieira e as fatias de alcachofra. Disponha o peixe por cima da batata, decore com ramos de tomilho e estragão e polvilhe a salsa picada.

Blanquete de linguado com ravióli de ostra

TIVE A INSPIRAÇÃO PARA ESTA RECEITA QUANDO TRABALHAVA PARA PIERRE KOFFMAN NO LA TANTE CLAIR. GOSTO DA COMBINAÇÃO DE OSTRAS E BOLINHAS DE PEPINO COM A CARNE DO LINGUADO. AQUI, A MASSA FRESCA É USADA DE DUAS FORMAS DIFERENTES: PARA O RAVIÓLI DE OSTRA E PARA O TAGLIATELLE FRESCO. SE DESEJAR UM PRATO MAIS SIMPLES, PREPARE-O SEM O RAVIÓLI.

INGREDIENTES

(para 4)

200 ml de Caldo de Peixe (página14)
¼ da receita (140 g) de Massa de Macarrão caseira (página 27), para o ravióli
250 g de Tagliatelle caseiro (página 29) ou já pronto e fresco
350 ml de Velouté de Peixe (página 14)
1 pepino grande
200 g de folhas tenras de espinafre
4 ostras grandes sem as conchas e com os sucos reservados (página 36)
4 x 150 g de filés de linguado
25 g de manteiga
suco de limão-siciliano
1 colher de sopa bem cheia de cerefólio e cebolinha picados
sal marinho e pimenta-branca moída

1 Tenha à mão o caldo de peixe, a massa para o ravióli e o tagliatelle caseiro, se desejar, bem como o velouté de peixe. Reserve.

2 Descasque o pepino e, com uma boleadora bem pequena, faça o maior número de bolinhas possível a partir da sua polpa. Escorra as bolinhas, resfrie-as em água gelada e reserve.

3 Branqueie o espinafre em água fervente com um pouco de sal por 1 minuto, ou até que murche. Escorra e resfrie novamente em água gelada. Reserve.

4 Para o ravióli, abra a massa e, usando um cortador de 10 cm, faça 8 círculos para produzir 4 raviólis (passos 1-4, página 29). Branqueie as ostras com um pouco de caldo de peixe em fervura lenta durante 30 segundos. Retire com uma escumadeira. Deixe esfriar. Use as ostras como recheio para o ravióli. Verifique se as bordas estão bem fechadas. Branqueie o ravióli em água fervente com sal durante 1 minuto, escorra e mantenha-o aquecido.

5 Escalde levemente o linguado no restante do caldo de peixe por 5 ou 6 minutos, ou até que esteja quase cozido. Retire os filés com cuidado usando uma escumadeira e mantenha-os aquecidos. Ferva o caldo até reduzir em dois terços e adquirir a consistência de xarope.

6 Adicione o velouté de peixe e ferva novamente, cozinhando por 2 minutos. Adicione os filés de linguado e reaqueça por mais 2 minutos.

7 Cozinhe o tagliatelle caseiro em água fervente durante 30 segundos. Se estiver usando o tagliatelle já pronto, siga as instruções da embalagem. Acrescente metade da manteiga e disponha em montinhos enrolados no centro de cada prato. Reaqueça o pepino e o espinafre separadamente no restante da manteiga.

8 Disponha os filés de linguado sobre o tagliatelle, com um ravióli sobre cada um. Disponha o pepino e o espinafre ao redor da massa e do peixe.

9 Reaqueça o velouté de peixe e tempere-o com suco de limão, sal e pimenta. Acrescente todas as ervas e o suco das ostras no final. Regue o ravióli e o linguado com esse molho e sirva imediatamente.

Tamboril assado com batatas boulangère

FIRME E COM BASTANTE CARNE, O TAMBORIL COMBINA BEM COM O ESTILO COMIDA CAMPONESA FRANCESA DESTAS BATATAS, ASSADAS EM RODELAS E SERVIDAS SOMENTE COM O SUCO DO PEIXE, AZEITE DE OLIVA FRUTADO E SUCO DE LIMÃO. O IDEAL É USAR CALDO CASEIRO PARA ESTA RECEITA, MAS, SE DESEJAR, PODE SUBSTITUIR POR UMA SOLUÇÃO BEM RALA DE PÓ DE BOUILLON E ÁGUA FERVENTE.

INGREDIENTES

(para 4)

4 x 300 g de filés de tamboril sem a pele
manteiga a temperatura ambiente para untar
azeite de oliva para fritar e mais um fio para untar
farinha de trigo comum para empanar
sal marinho e pimenta-do-reino moída na hora

PARA AS BATATAS

250 ml de Caldo de Peixe (página 14) ou Caldo de Legumes à la Nage (página 13)
4 batatas médias descascadas, pesando aproximadamente 200 g cada uma
2 dentes de alho descascados e cortados em fatias finas
4 echalotes cortadas em fatias finas
25 g de manteiga

PARA SERVIR

suco de ½ limão-siciliano
um fio de azeite de oliva
ramos de estragão e salsinha italiana

1 Tenha à mão o caldo de peixe ou o caldo de legumes.

2 Verifique se removeu toda a membrana cinza do tamboril, pois ela pode fazer o peixe enrolar durante o cozimento e cozinhar de maneira desigual. Se necessário, retire-a com uma faca fina e afiada. Corte 4 pedaços de papel-alumínio grandes o suficiente para envolver cada filé. Pincele os papéis com um pouco da manteiga a temperatura ambiente.

3 Preaqueça o forno a 220°C. Tempere os filés e passe-os na farinha. Aqueça o azeite em uma frigideira grande e sele o peixe rapidamente, até que doure.

4 Embrulhe cada filé em um pedaço de papel, torcendo as pontas para fechar bem. Ponha os filés em uma assadeira e leve ao forno por 8 ou 9 minutos.

5 Enquanto o peixe assa, corte as batatas em rodelas finas – aproximadamente 2 mm de espessura – usando um ralador, a lâmina de um processador de alimentos ou uma faca afiada. Coloque as rodelas em uma tigela, tempere bem e espalhe o alho e as echalotes por cima.

6 Corte 4 círculos de 8 cm de diâmetro de papel-manteiga ou papel-alumínio. Pincele os círculos com azeite e ponha-os em uma assadeira de metal pequena e rasa. Faça camadas com as rodelas de batata temperadas com o alho e as echalotes sobrepostas aos círculos de papel.

7 Em uma panela, ferva lentamente o caldo de peixe ou o caldo de legumes. Coloque uma bolinha de manteiga sobre as batatas e leve a assadeira ao forno por 10 minutos, ou até que dourem. Quando estiverem cozidas, deixe-as descansar em seu caldo.

8 Aperte firmemente com o dedo a parte mais grossa do filé para verificar se o peixe já está cozido. Se estiver firme e não muito flexível, significa que já está pronto.

9 Deixe o peixe no papel por alguns minutos, enquanto você retira a base de papel das batatas usando uma espátula e as coloca em pratos aquecidos. Desembrulhe o peixe, corte cada filé em 4 ou 6 círculos e cubra com eles as batatas. Derrame sobre eles todo o caldo da assadeira das batatas e dos pacotes de peixe.

10 Regue as batatas e o peixe com suco de limão e azeite. Decore com os ramos de estragão e salsinha.

Tamboril assado com molho de vinho tinto

O TAMBORIL É UM PEIXE COM BASTANTE CARNE E PODE SER ACOMPANHADO POR UM SABOROSO MOLHO DE VINHO TINTO. POR QUE NÃO? FUNCIONA BEM NO MEU RESTAURANTE. O MOLHO PODE SER FEITO COM ANTECEDÊNCIA E REAQUECIDO, ASSIM COMO A PEQUENA QUANTIDADE DE RISOTO QUE ACOMPANHA O PRATO.

INGREDIENTES

(para 4)

1 x quantidade de Molho de Vinho Tinto (página 21)
Alho-poró em Tiras (página 180) para decorar
4 x 150 g de filés de tamboril
½ colher de sopa de pó de cinco especiarias
1 colher de sopa de azeite de oliva e mais um fio para servir

PARA O RISOTO

200 ml de Caldo de Frango (página 18)
50 g de arroz para risoto (ex.: carnaroli, arbório ou vialone nano)
2 colheres de sopa de creme de leite
1 colher de sopa de queijo mascarpone
1 colher de sopa de manjericão e cebolinha picados

1 Tenha à mão o molho de vinho tinto, o caldo de frango e o alho-poró cortado em tiras.

2 Acerte a forma dos filés de tamboril, tendo o cuidado de remover a membrana cinza. Se não removida, ela poderá fazer com que o peixe se enrole durante o cozimento. Polvilhe com o pó de especiarias e leve à geladeira.

3 Para fazer o risoto, ferva lentamente o arroz no caldo de frango durante 12 minutos ou até que esteja macio, mexendo de vez em quando. Tempere e reserve.

4 No momento de cozinhar o tamboril, preaqueça o forno a 220°C. Esquente o azeite em uma frigideira de fundo resistente que possa ser levada ao forno (ou com alças removíveis ou apropriadas para serem levadas ao forno). Adicione os filés, cozinhe durante 3 minutos de um lado e vire. Leve a frigideira ao forno e asse por mais uns 5 minutos ou até que estejam firmes. Mantenha o peixe aquecido.

5 Para finalizar o risoto, reaqueça levemente o arroz e adicione o creme de leite, o mascarpone e as ervas. Acerte o tempero. Reaqueça o molho de vinho tinto.

6 Centralize porções de risoto nos pratos aquecidos. Fatie o tamboril e disponha sobre o risoto.

7 Derrame o molho ao redor do peixe e regue com azeite. Decore com o alho-poró em tiras e sirva.

Bouillabaisse com batatas ao açafrão

É UMA ALEGRIA PREPARAR ESTA SOPA DE PEIXE TÍPICA DO MEDITERRÂNEO SEMPRE QUE CONSIGO ENCONTRAR AS VARIEDADES APROPRIADAS DE FRUTOS DO MAR. A BOUILLABAISSE É FEITA EM DUAS ETAPAS: A PRIMEIRA É A BASE, PARA A QUAL UMA SELEÇÃO DE FRUTOS DO MAR É COZIDA E TRANSFORMADA EM PURÊ; A SEGUNDA É A ADIÇÃO DE PEDAÇOS GRANDES DE FILÉ DE PEIXE FERVIDOS LENTAMENTE COM BATATAS AROMATIZADAS COM AÇAFRÃO. NÃO VALE A PENA FAZER BOUILLABAISSE EM PEQUENAS QUANTIDADES, ENTÃO É IDEAL SERVI-LA EM REUNIÕES. SIRVA COM ROUILLE (PÁGINA 21).

INGREDIENTES

(para 12)

PARA O CALDO BÁSICO

3 kg de seleção de frutos do mar mediterrâneos – no mínimo três escolhidos entre os seguintes: bodião, robalo, peixe-escorpião, brema, peixe-aranha, camarões grandes, badejo, trilha e filés de enguia sem pele

450 ml de azeite de oliva

2 alhos-porós grandes fatiados (sem a parte branca)

400 g de cebolas cortadas em pedaços grossos

12 dentes de alho descascados e socados

800 g de tomates bem maduros cortados em pedaços grossos

1 bouquet garni grande (página 18)

2 bulbos de erva-doce picados em pedaços grossos

talos de manjericão fresco, cerefólio e salsa

6 litros de água fria

PARA AS GUARNIÇÕES

2 kg de seleção de peixes – no mínimo três escolhidos entre os seguintes: peixe-galo tamboril, badejo, cabrinha, trilha e brema

1 kg de batatas pequenas inteiras e lavadas

2 pitadas grandes de açafrão

um fio de azeite de oliva para servir

2 colheres de sopa de cebolinha picada

1 Comece preparando os frutos do mar: limpe as escamas e remova as nadadeiras. Mantenha as cabeças intactas, mas retire as guelras. Os camarões podem ser deixados intactos. Se você tiver encontrado peixe-aranha, antes de comprá-lo peça para o peixeiro retirar as espinhas venenosas. Para preparar os outros peixes para a guarnição, limpe as escamas, retire as entranhas e remova as cabeças. Corte em pedaços médios.

2 Para fazer o caldo, aqueça o azeite em uma panela grande ou caldeirão e adicione os alhos-porós, as cebolas, o alho, os tomates, o bouquet garni, a erva-doce, os talos das ervas e os peixes. Refogue em fogo baixo por aproximadamente 20 minutos, mexendo com frequência.

3 Adicione a água fria, deixe ferver em fogo brando por 45 ou 50 minutos. Apague o fogo e deixe descansar por uns 20 minutos para permitir que os sabores se fundam.

4 Enquanto isso, prepare a guarnição com as batatas: afervente-as com o açafrão até ficarem levemente cozidas e escorra-as em seguida.

5 Passe o caldo de peixe por um espremedor ou uma grande peneira, comprimindo com a parte de trás de uma concha. Rejeite as espinhas e outros restos. Passe o caldo duas vezes por uma peneira fina, novamente comprimindo com uma concha. Acerte o tempero.

6 Para terminar o bouillabaisse, ponha as batatas cozidas em uma caçarola ou panela grande e derrame sobre elas o caldo de peixe.

7 Abaixe o fogo e cozinhe em fogo brando por 5 minutos. Adicione os pedaços reservados dos peixes para a decoração, regue com o azeite de oliva e continue a cozinhar por mais 7 a 10 minutos, ou até que os peixes estejam firmes e as batatas, macias.

8 Com uma espátula, levante delicadamente os peixes e transfira-os para uma travessa grande aquecida. Derrame sobre eles o caldo e salpique as cebolinhas picadas.

Linguado assado com brandade de bacalhau

BRANDADE É UMA MISTURA DE PEIXE DESFIADO COMBINADO COM BATATA E ALHO. USAMOS COMO BASE PARA SIMPLES FILÉS DE LINGUADO "ASSADOS", INCREMENTADOS COM UMA ECHALOTE E MOLHOS DE VINAGRE DE XEREZ. SE QUISER, DECORE COM UM PEQUENO DISCO DE BATATA RÖSTI.

INGREDIENTES

(para 4)

PARA A BRANDADE

1 colher de sopa de azeite de oliva
200 g de filés de bacalhau, sem pele e cortados em postas
150 g de batatas descascadas e cortadas em cubos
500 ml de leite
1 dente de alho, descascado e amassado
2 colheres de sopa de creme de leite
2 colheres de chá de salsa picada

PARA O MOLHO

2 colheres de sopa de Confit de Echalote (página 94)
400 ml de Caldo de Vitela (página 16)
3 colheres de sopa de vinho Madeira
2 colheres de chá de vinagre de xerez

PARA O PEIXE E A GUARNIÇÃO

200 g de folhas de espinafre novas
25 g de manteiga
200 g de pontas de aspargos
2 x 300 g de filés de linguado cortados do sentido do comprimento em 4 filés compridos
2 colheres de sopa de azeite de oliva, e mais um pouco para servir
Batata Rösti (página 94) - opcional
sal marinho e pimenta-do-reino moída na hora

1 Prepare o confit de echalote e o caldo de vitela. Reserve.

2 Para a brandade, aqueça uma colher de sopa do azeite em uma panela de fundo grosso. "Asse" o bacalhau na chama do fogão apenas até que fique cozido e dourado. Retire do fogo, desfie e deixe esfriar.

3 Cozinhe as batatas no leite, junto com o alho e um pouco de sal e pimenta, até que fiquem macias, mas não quebradiças. Coe em uma peneira apoiada sobre uma tigela, reservando o leite. Amasse as batatas em uma tigela grande até que fiquem macias, e acrescente devagar o leite reservado e o creme de leite, batendo até obter uma pasta cremosa. Pode não ser necessário todo o leite, mas use todo o creme de leite.

4 Usando uma espátula, envolva o bacalhau desfiado dentro da batata, mantendo o bacalhau o mais desfiado possível. Tempere, misture a salsa e reserve.

5 Para fazer o molho, cozinhe o confit de echalote e o vinho Madeira em uma caçarola pequena até reduzir pela metade. Desprenda os resíduos do fundo com vinagre de xerez e cozinhe novamente por alguns segundos até reduzir um pouco; então acrescente o Caldo de Vitela. Deixe ferver até reduzir pela metade. Verifique o tempero e reserve em local aquecido.

6 Branqueie o espinafre em água fervente levemente salgada, apenas até murchar. Escorra, coloque de volta na panela, fora do fogo, com um pouco da manteiga. Branqueie as pontas de aspargos apenas até ficarem macias e coloque-as de volta na panela com o restante da manteiga.

7 Para cozinhar o linguado, aqueça o azeite em uma panela de fundo grosso em fogo médio. Acrescente os filés e cozinhe por aproximadamente 2 minutos de cada lado. Tempere bem, retire do fogo e mantenha aquecido.

8 Aqueça a brandade novamente em uma caçarola em fogo brando. Arrume o espinafre formando um monte em cada um dos pratos aquecidos. Coloque um filé de linguado sobre cada monte de espinafre. Se necessário, aqueça novamente os aspargos e arrume-os nas bordas. Cubra o peixe com o molho, pingando um pouco dele sobre os legumes também. Com uma colher, coloque um quarto da brandade sobre cada filé. Finalmente, regue com um fio de azeite de oliva e sirva. Se quiser, decore com uma pequena Batata Rösti (página 94).

Filés de peixe-galo com batatas écrasées

UMA BOA MANEIRA DE PREPARAR BATATAS É AMASSÁ-LAS, DEPOIS DE COZIDAS, COM UMA MISTURA DE AZEITE DE OLIVA, TOMATE FRESCO E ERVAS VERDES. ESSA FOI OUTRA IDEIA QUE TIVE NA MINHA ESTADA EM PARIS, E ACHEI QUE SERVIRIA MARAVILHOSAMENTE COMO BASE PARA DELICADOS DIAMANTES DE PEIXE-GALO FRITOS, SERVIDOS COM TOMATES FRESCOS E CONCASSÉ DE VINAGRE BALSÂMICO. TAMBÉM FICAM PARTICULARMENTE BOAS SERVIDAS SOZINHAS COMO SALADA DE VERÃO, COM UM LEVE TOQUE MEDITERRÂNEO.

1 Prepare o concassé de tomate e o confit de echalote para o prato principal, e o purê de tomate fresco e o caldo de legumes à la nage para o molho. Reserve.

2 Corte cada filé de peixe em três tiras longas e corte essas tiras em formato de diamantes de 5 cm. Reserve na geladeira.

3 Cozinhe as batatas com pele por aproximadamente 12 minutos ou apenas até que fiquem macias. Escorra e deixe esfriar o bastante para manusear. Descasque-as ainda mornas e coloque em uma tigela grande.

4 Aqueça levemente 2 colheres de sopa de azeite de oliva em uma caçarola pequena e despeje sobre as batatas, amassando levemente com um garfo para formar um purê grosso.

5 Misture metade das azeitonas picadas, o concassé de tomate, o confit de echalote, metade da cebolinha picada, as outras ervas frescas e o suco de limão. Tempere levemente, com cuidado, pois as azeitonas afetam o tempero. Cubra e mantenha quente.

6 Coloque todos os ingredientes do molho, incluindo 4 colheres de chá de concassé de tomate e o restante da cebolinha e azeitonas picadas em uma caçarola pequena e reserve até o momento de esquentar e servir.

7 Aqueça as 3 colheres de sopa de azeite de oliva restantes em uma frigideira antiaderente grande. Frite os "diamantes" de peixe-galo por 2 a 3 minutos ou apenas até que fiquem cozidos e dourados, virando uma vez.

8 Usando um cortador de massa redondo de aproximadamente 6 cm de diâmetro, faça círculos com a mistura de batata sobre pratos quentes. Coloque o peixe por cima, sobrepondo os pedaços de maneira atraente.

9 Ferva os ingredientes do molho e coloque com uma colher ao redor de cada monte de peixe e batata. Sirva imediatamente.

INGREDIENTES

(para 4)

100 g de Concassé de Tomate (página 97), mais 4 colheres de chá para o molho
1 colher de sopa de Confit de Echalote (página 94)
4 x 200 g de filés de peixe-galo sem pele
600 g de batatas novas, lavadas e escovadas
5 colheres de sopa de azeite de oliva
60 g de azeitonas pretas sem caroço picadas
20 g de cebolinha picada
1 colher de sopa de: manjericão picado estragão e coentro
suco de 1 limão
sal marinho e pimenta-do-reino moída na hora

PARA O MOLHO

2 colheres de chá de Purê de Tomate fresco (página 97)
200 ml de Caldo de Legumes à la Nage (página 13)
1 colher de chá de vinagre balsâmico
1 colher de sopa de manjericão picado

Escalope de salmão com molho de pimentão agridoce

UMA REFEIÇÃO PRINCIPAL LEVE E DELICIOSA – A CHICÓRIA É EXCELENTE ACOMPANHAMETO PARA O SABOR ENCORPADO DO SALMÃO, E TEM APARÊNCIA ESPETACULAR QUANDO SERVIDA COM AS CORES VIBRANTES DO MOLHO DE PIMENTÃO. PEÇA AO SEU PEIXEIRO QUE CORTE OS ESCALOPES DE SALMÃO DA PARTE MAIS GROSSA DE UM FILÉ SEM PELE.

INGREDIENTES

(para 4)

500 ml de Caldo de Legumes à la Nage (página 13)
60 g de manteiga
2 pimentões vermelhos sem as sementes e cortados em fatias finas
2 pimentões amarelos sem as sementes e cortados em fatias finas
6 echalotes cortadas em fatias finas
1 ramo de: estragão, cerefólio, manjericão e tomilho
1 folha de louro
3 colheres de sopa de Noilly Prat ou outro vermute seco
1 colher de chá de vinagre de vinho branco
4 cabeças médias de chicória
100 g de açúcar refinado
4 x 200 g de escalopes de salmão
sal marinho e suco de limão

1 Prepare o caldo de legumes e reserve.

2 Aqueça um terço da manteiga em uma caçarola média e deixe suar levemente os pimentões e echalotes com os ramos de ervas e a folha de louro por aproximadamente 10 minutos, ou até que fiquem macios.

3 Acrescente o Noilly Prat, mexa e deixe cozinhar descoberto até reduzir para mais ou menos uma colher de sopa. Acrescente o vinagre e 150 ml do caldo de legumes. Deixe ferver em fogo brando por aproximadamente 20 minutos ou até que fique macio. Retire as ervas e descarte. Reserve.

4 Preaqueça o forno a 180°C. Retire o centro das chicórias com uma faca pequena e afiada, e coloque o açúcar no centro.

5 Aqueça outra terça parte da manteiga em uma frigideira de fundo grosso com alças a prova de calor ou removíveis – adequada para forno. Acrescente as chicórias e cozinhe até que fiquem douradas e caramelizadas. Despeje o restante do caldo de maneira que cubra as chicórias até a metade e transfira para o forno. Deixe cozinhar por 9 minutos ou apenas até que a chicória fique macia. Reserve em local aquecido.

6 Aumente a temperatura do forno para 200°C. Coloque os escalopes de salmão em assadeira levemente untada com óleo, ou em prato refratário, e asse no forno por aproximadamente 10 minutos, até que fique rosado e firme.

7 Para servir, aqueça o molho novamente e acrescente o restante da manteiga, batendo levemente. Aqueça as chicórias novamente se necessário. Tempere o salmão a gosto com sal e suco de limão, e então arrume as chicórias em pratos aquecidos e despeje o molho ao redor. Sirva imediatamente.

Lagosta baby assada com molho cítrico

UM PRAZER VISUAL, ESTE PRATO COMBINA A DELICADA LAGOSTA COM UM TOQUE DE ELEMENTOS CÍTRICOS, E NÃO REQUER LAGOSTAS DE FORMAS PERFEITAS.

INGREDIENTES

(para 2)

Court-bouillon (página 16) ou água salgada, para escaldar
100 g de Tagliatelle caseiro (página 29) ou pronto fresco
2 lagostas baby vivas, pesando de 400 a 500 g cada uma
200 g de pontas de aspargos novos
12 alhos-porós inteiros, ou 6 pequenos e finos, cortados ao meio
40 g de manteiga
2 colheres de sopa de azeite de oliva

PARA O MOLHO CÍTRICO

200 ml de Caldo de Legumes à la Nage (página 13)
1 receita de Cascas de Laranja Cristalizadas (página 187) – opcional
1 toranja rosa
1 laranja
1 limão
1 lima
1 colher de sopa de cebolinha picada
4 folhas de manjericão cortadas em fatias finas, à julienne
sal marinho e pimenta-branca moída

1 Prepare o court-bouillon (se for usar), o caldo de legumes, o tagliatelle caseiro e as cascas de laranja cristalizadas (se for usar) e reserve.

2 Para matar as lagostas, coloque cada uma sobre uma tábua de barriga para baixo, e então perfure firmemente na marca em cruz da cabeça com a ponta de uma faca grande e afiada. Coloque court-bouillon ou água salgada em uma caçarola grande, suficiente apenas para cobrir as lagostas. Deixe ferver.

3 Mergulhe as lagostas na água fervente em fogo brando e cozinhe por 1 minuto. Retire, deixe esfriar até ser possível manuseá-las com um pano e corte cada lagosta no sentido do comprimento através da parte inferior da casca, abrindo-a horizontalmente. Corte as patas. Retire cuidadosamente a carne da cauda e das patas. Descarte as entranhas e cascas, mas reserve a cabeça para decorar, se gostar. Coloque a carne das lagostas na geladeira para firmar.

4 Enquanto isso, faça o molho: retire as cascas e miolos das frutas cítricas, e então corte quatro pedaços da toranja e da laranja, e dois pedaços do limão e da lima. Faça isso sobre uma tigela, para aparar o suco. Esprema as partes restantes das frutas para retirar o suco e misture com os sucos reservados.

5 Ferva o caldo de legumes até reduzir pela metade. Acrescente 2 colheres de sopa dos sucos cítricos e ferva em fogo brando por mais 2 ou 3 minutos. Misture os pedaços das frutas e bata levemente até que se dissolvam e fiquem minúsculos. Reserve e mantenha aquecido

6 Cozinhe as pontas de aspargos e alhos-porós juntos em água salgada até ficarem apenas macios; então escorra e coloque de volta na panela com um terço da manteiga, para vitrificar. Acrescente um pouco do suco cítrico que sobrou para dar sabor. Ferva e escorra o tagliatelle, vitrifique-o com mais um terço da manteiga e mantenha aquecido.

7 Aqueça o azeite em uma panela antiaderente grande. Tempere a carne da lagosta e "toste" a carne da cauda na chama do fogão por 6 a 8 minutos, acrescentando a carne das patas na metade do cozimento. Vire constantemente para caramelizar por igual.

8 Para servir, enrole o tagliatelle em espiral com um garfo e coloque-o no centro do prato aquecido. Fatie a carne da cauda e coloque-a sobre a massa, depois arrume a carne das patas uma de cada lado. Decore com os aspargos e alhos-porós. Aqueça novamente o molho e acrescente o restante da manteiga, batendo. Acrescente a cebolinha, verifique o tempero e cubra a lagosta. Se gostar, decore com manjericão e cascas de laranja cristalizadas.

Carnes, Caças e Aves

A melhor saída de carnes e aves no restaurante é no outono e no inverno, épocas em que os clientes preferem um prato principal mais substancial. As caças são preferidas também, pois sua estação curta causa excitação, principalmente a carne de cervo, que vem da Escócia e fica pendurada até adquirir um tom vermelho-rubi escuro. Servimos medalhões da carne do lombo com um molho exótico escuro de chocolate e vinagre de framboesa.

Nossa carne bovina também vem da Escócia, e só entra na minha cozinha depois de ser pendurada por pelo menos três semanas e meia. O filé e o rabo são nossos cortes favoritos – filé para assar levemente na panela, rabo para cozinhar longa e adoravelmente até que a carne se solte facilmente do osso para desfiar e embrulhar em crépinettes.

As vísceras também são uma escolha pessoal. Elas são um desafio que me provoca um espírito aventureiro que pode resultar em molejas polvilhadas com curry servidas com molho Sauternes. Foie gras de pato, uma forma um tanto quanto única de víscera, usamos dissolvido em molhos – fica maravilhoso com frango!

Nossas aves – frangos e pombos – vêm de Bresse (França). Eu as preparo ao modo poché-grillé, escaldando para umedecer e depois assando para derreter a gordura e para deixar a pele crocante e saborosa.

Filé bovino com rabo refogado

ESTA RECEITA MAJESTOSA TEM UM GRANDE NÚMERO DE ELEMENTOS DIFERENTES: PORÇÕES PERFEITAS DE FILÉ BOVINO ANINHADAS SOBRE ESPINAFRE E UMA CROCANTE BATATA RÖSTI, UMA CAMADA BRILHANTE DE CREME DE SALSINHA, GUARNIÇÃO DE LEGUMES E UM ACOMPANHAMENTO INCOMUM DE *CRÉPINETTE* DE RABO REFOGADO. E NÃO É TUDO: O PRATO INTEIRO É INCREMENTADO COM UM MOLHO DE VINHO TINTO ENCORPADO QUE TEM A DISTINÇÃO DE SER LEVE MAS BASTANTE SABOROSO.

O SEGREDO DESSE MOLHO É DUPLO: PRIMEIRO, REDUZO UMA GARRAFA INTEIRA DE VINHO ATÉ QUE FIQUE INSTENSO E COM CONSISTÊNCIA DE XAROPE. DEPOIS, USO UMA COMBINAÇÃO DE DOIS CALDOS – DE FRANGO E DE VITELA – EM VEZ DE UM SÓ. ACHO QUE SE USAR SOMENTE O CALDO DE VITELA O MOLHO RESULTANTE FICA PEGAJOSO DEMAIS. É PRECISO COMEÇAR A PREPARAR ESTA RECEITA COM UM DIA E MEIO DE ANTECEDÊNCIA, MAS NÃO DESISTA. A MAIORIA DOS ELEMENTOS PODEM SER PREPARADOS COM ANTECEDÊNCIA E DEPOIS REUNIDOS EM TRIUNFO! COMO ALTERNATIVA, A RECEITA PODE SER SIMPLIFICADA, SERVINDO O FILÉ SEM O RABO, ACOMPANHADO DE PURÊ DE BATATA (PÁGINA 95) E CREME DE SALSINHA.

INGREDIENTES

(para 4)

PARA O RABO REFOGADO

1 rabo inteiro, pesando aproximadamente 1 kg, cortado em pedaços
½ garrafa de 750 ml de um bom vinho tinto
1 ramo de tomilho
1 folha de louro
5 colheres de sopa de azeite de oliva
2 cenouras grosseiramente picadas
1 cebola grosseiramente picada
1 litro de Caldo de Vitela (página 16)
tripa (veja Glossário, página 188)
sal marinho e pimenta-do-reino moída na hora

PARA O MOLHO DE VINHO TINTO

500 ml de Caldo de Frango (página 18)
500 ml de Caldo de Vitela (página 16)
1 garrafa de 750 ml de um bom vinho tinto
2 colheres de sopa de azeite de oliva
8 echalotes fatiadas
aparas do filé
12 grãos de pimenta-do-reino
1 ramo de tomilho
1 folha de louro pequena
1 colher de sopa de vinagre de xerez

PARA O FILÉ

1 filé bovino inteiro, pesando aproximadamente 600 g
1 colher de sopa de azeite de oliva
1 colher de sopa de manteiga

1 Aproximadamente um dia e meio antes de servir o prato, coloque o rabo para marinar em uma tigela: cubra os pedaços com meia garrafa de vinho tinto. Acrescente o ramo de tomilho e a folha de louro. Cubra a superfície com filme plástico, ajustando ao redor da carne e não nas bordas da tigela, e colocando um peso para segurar a carne no lugar, submersa no vinho. Isso vai fazer com que a carne fique com uma cor boa e forte. Leve para a geladeira para marinar por 24 horas.

2 Corte o cordão e a extremidade mais fina do filé, para obter um rolo perfeito. Pode ser necessário remover o tendão também, ou pedir para que o açougueiro faça isso. Embrulhe o filé firmemente em filme plástico e deixe resfriar de um dia para o outro. Isso ajudará a mantê-lo arredondado. Pique as aparas e reserve separadamente.

3 Tenha à mão os caldos de frango e de vitela. Prepare e reserve as minicebolas vitrificadas e o creme de salsinha.

4 Em seguida, ferva o vinho tinto até reduzir para aproximadamente 100 ml. Enquanto isso, em uma caçarola, aqueça 2 colheres de sopa de azeite e salteie as echalotes, as aparas reservadas do filé, os grãos de pimenta, o tomilho e a folha de louro, até que as echalotes fiquem caramelizadas. Deglace com vinagre de xerez, mexendo até evaporar.

5 Acrescente o "xarope" de vinho reduzido, todo o caldo de frango e um terço do caldo de vitela. Deixe ferver em fogo brando por 20 minutos ou até que reduza em um terço, retirando a espuma algumas vezes com uma concha. →

PARA GUARNECER

24 Minicebolas Vitrificadas (página 93)
½ receita de Creme de Salsinha (página 100)
4 Batatas Rösti (página 94)
1 colher de sopa de manteiga
100 g de cogumelos de sua escolha
100 g de folhas de espinafres novas
2 colheres de sopa de creme de leite

6 Coe pelo menos duas vezes em uma peneira forrada com musselina ou com um pano limpo, para remover todas as partículas sólidas. Verifique o tempero e reserve.

7 Quando o rabo estiver suficientemente marinado, retire e enxugue-o com papel-toalha. Reserve a vinha-d'alhos.

8 Em uma caçarola que possa ir ao forno (por exemplo, de ferro fundido), aqueça aproximadamente 3 colheres de sopa de azeite e, quando estiver bem quente, acrescente os pedaços de rabo e deixe dourar completamente – até que estejam quase enegrecidos e bem caramelizados. Esse processo ajuda o sabor a se desenvolver. Retire os pedaços de rabo e limpe a caçarola com papel-toalha.

9 Coloque as duas colheres de sopa restantes de azeite na caçarola e deixe suar as cenouras e as cebolas até que fiquem macias. Acrescente a vinha-d'alhos reservada e o caldo de vitela, e deixe ferver até reduzir pela metade para concentrar o sabor.

10 Preaqueça o forno a 180°C. Coloque os pedaços de rabo na caçarola com os legumes e o caldo reduzido. Cubra e refogue no forno por 2,5 a 3 horas, ou até que a carne esteja macia, quase derretendo, e comece a desprender do osso.

11 Com uma escumadeira, retire os pedaços de rabo e transfira-os para um prato. Reserve o líquido restante. Quando a carne tiver esfriado o suficiente para manusear, desfie-a em tiras finas e descarte a gordura, a cartilagem e os ossos.

12 Coe o líquido restante em uma peneira apoiada sobre uma tigela. Descarte os legumes. Coloque o líquido de volta na caçarola em fogo alto. Ferva até ficar com consistência de xarope, reduzido para cerca de 300 ml. Ele vai servir de liga para as tiras de rabo desfiado. Verifique o tempero e gradualmente acrescente apenas o suficiente do líquido reduzido, um pouco de cada vez, às tiras de carne, de forma que fiquem grudadas. Certifique-se de que a mistura ficou apenas grudada, e não molhada demais. Deve sobrar cerca de um terço do líquido reduzido para aquecer novamente mais tarde.

13 Resfrie a mistura de carne até que fique firme, e então divida em quatro bolas prontas para serem enroladas em tripa. No restaurante, às vezes dividimos a mistura em um número maior de pequenas *crépinettes* para cada prato, mas o processo de embalar é muito demorado. Como alternativa, se não pretender usar tripa, dê à mistura o formato de 4 empadinhas.

14 Se for usar tripa, deixe-a de molho em água fria para retirar qualquer vestígio de sangue. Desemaranhe-a com cuidado para evitar que rasgue, e dê umas batidinhas para secar. Pegue uma bola de carne de rabo e enrole com um pedaço de tripa grande o suficiente para cobri-la com alguma sobra. Torça as sobras de tripa firmemente por baixo da bola. Repita com as outras bolas de carne. A tripa que sobrar pode ser congelada para ser usada em outra receita.

15 Prepare as batatas rösti para a guarnição e reserve, descobertas, em um prato aquecido. Elas permanecerão crocantes.

16 Aqueça novamente as minicebolas vitrificadas e o creme de salsinha, certificando-se de que este último esteja leve e cremoso. Aqueça novamente o molho de vinho tinto.

17 Em uma frigideira, aqueça metade da manteiga para guarnição apenas até que pare de espumar e salteie rapidamente os cogumelos até ficarem levemente cozidos. Reserve e mantenha aquecido.

18 Branqueie as folhas de espinafre por 1 minuto aproximadamente ou apenas até que murchem, escorra e enxugue apertando em um pano limpo. Aqueça novamente em uma panela pequena com o creme de leite e tempere a gosto.

19 Aqueça novamente o líquido usado para refogar os pedaços de rabo. Ele deve ter consistência de xarope. Se parecer grosso demais, dilua-o com um pouco de caldo. Ferva em fogo brando as *crépinettes* nesse líquido por aproximadamente 5 minutos, mexendo levemente. Retire as *crépinettes* com uma escumadeira e remova a tripa, que deixará uma aparência "rendada". Esse é um processo que sempre fazemos no Aubergine para dar um toque especial, mas você pode deixar a tripa se preferir.

20 Agora está tudo pronto para reunir os elementos e servir. Tire o filé da geladeira e retire o filme plástico. Corte o filé transversalmente em quatro partes redondas de mesmo tamanho. Aqueça uma colher de sopa de azeite em uma frigideira de fundo grosso, acrescente 15 g de manteiga e, quando começar a espumar, acrescente os filés e frite-os a gosto. No restaurante, preferimos cozinhar ao ponto (à direita).

21 Coloque cada uma das batatas rösti sobre um monte de espinafre no centro de cada prato grande aquecido. Coloque um filé sobre cada batata, dê forma de quenelles (página 173) ao creme de salsinha e coloque uma sobre cada filé. Arrume a *crépinette* de carne de rabo, as minicebolas vitrificadas e os cogumelos sautés ao redor do filé. Pingue um pouco de molho de vinho tinto sobre o filé, os legumes e as *crépinettes*, para dar brilho. Sirva triunfalmente!

COZINHANDO FILÉS – O TESTE DA PONTA DO DEDO

QUANDO ME PERGUNTAM QUANTO TEMPO EU DEIXO OS FILÉS COZINHANDO, RESPONDO COM ESTA DICA: PRESSIONE A PARTE SUPERIOR DO FILÉ COM A PONTA DO DEDO, UMA VEZ QUE O TEMPO DE COCÇÃO VAI DEPENDER DA ESPESSURA DO FILÉ E DE COMO DEVE FICAR: MUITO MALPASSADO OU AO PONTO. NO FILÉ MALPASSADO, SEU DEDO DEVE QUASE AFUNDAR NA CARNE, PRATICAMENTE SEM RECEBER PRESSÃO CONTRÁRIA. JA O FILÉ AO PONTO VAI OFERECER UMA LEVE PRESSÃO CONTRÁRIA. O FILÉ DE AO PONTO A BEM PASSADO SERÁ MAIS FIRME, MAS AINDA VOLTARÁ UM POUCO. FILÉ BEM-PASSADO? SEM COMENTÁRIOS!

Cervo com molho de chocolate

CERVO CRIADO EM FAZENDA É UMA DAS HISTÓRIAS DE SUCESSO DESCONHECIDAS DA PECUÁRIA MODERNA. É UMA CARNE MAGRA, MACIA, CRIADA NATURALMENTE E COM BAIXO TEOR DE GORDURA SATURADA. POR TER SABOR FORTE, A CARNE DE CERVO ACEITA UM MOLHO ASSERTIVO, QUE NESTE CASO É A COMBINAÇÃO DO NOVO COM O VELHO MUNDO: VINHO TINTO, VINAGRE DE FRAMBOESA E CALDO DE VITELA BEM REDUZIDO E TEMPERADO À MODA ASTECA ORIGINAL COM CHOCOLATE MEIO-AMARGO.

1 Para fazer o molho, tenha à mão o caldo de vitela. Numa caçarola grande, salteie as echalotes e o alho em 25 g de manteiga, juntamente com o tomilho, a folha de louro e os grãos de pimenta, até que fiquem bem caramelizados e macios.

2 Deglace com o vinagre de framboesa, acrescente o vinho deixe ferver até reduzir para aproximadamente 100 ml, e ficar com consistência de xarope.

3 Acrescente o caldo de vitela e ferva até reduzir em três quartos, para mais ou menos 600 ml. Coe o molho com uma peneira fina sobre uma tigela, esfregando levemente com as costas de uma concha. Coloque o molho de volta na panela. Acrescente o chocolate e mexa até derreter, reaquecendo muito levemente se for necessário, mas com cuidado para não deixar o molho ferver. Verifique o tempero.

4 Para preparar os legumes, salteie levemente em outra caçarola as cenouras, o salsão e o bacon em 50 g de manteiga, até que fiquem dourados. Coloque metade dessa mistura em outra panela e reserve. Acrescente o repolho à primeira panela e continue cozinhando por mais 3 ou 4 minutos.

5 Escorra a manteiga da mistura de repolho e acrescente o creme de leite. Ferva rapidamente para reduzir pela metade até ficar levemente grosso. Verifique o tempero e reserve.

6 Preaqueça o forno a 220°C. Tempere os filés de cervo. Aqueça o azeite em uma frigideira que possa ir ao forno e doure os filés até que fiquem bem selados por inteiro – aproximadamente 3 minutos. Cubra com papel-manteiga ou com uma folha de papel-alumínio e asse no forno por 4 a 5 minutos. Retire e reserve. Nesse ponto, o cervo deve estar levemente rosado por dentro.

7 Aqueça novamente a mistura de repolho, com cuidado para não deixar ferver, pois poderá talhar.

8 Coloque a mistura de repolho com uma colher em pratos aquecidos. Corte os filés de cervo e arrume por cima. Arrume os legumes restantes ao redor da carne. Cubra a carne e os legumes com o molho e sirva.

INGREDIENTES

(para 4)

400 g de cenouras cortadas em cubos de 1 cm
400 g de salsão cortado em cubos de 1 cm
300 g de bacon defumado cortado em cubos de 1 cm
50 g de manteiga
½ repolho pequeno cortado em finas fatias, à julienne
200 ml de creme de leite
4 x 150 g de bifes de filé de cervo limpos
1 colher de sopa de azeite de oliva
sal marinho e pimenta-do-reino moída na hora

PARA O MOLHO

2 litros de Caldo de Vitela (página 16)
500 g de echalotes grosseiramente picadas
4 dentes de alho com casca amassados
25 g de manteiga
2 ramos de tomilho
1 folha de louro
2 colheres de sopa de pimenta-do-reino em grãos
2 colheres de sopa de vinagre de framboesa
1 garrafa de 750 ml de vinho tinto
40 g de chocolate meio-amargo, em pequenos pedaços

Molejas de vitelo caramelizadas com molho Sauternes

UMA ESCOLHA POPULAR NO AUBERGINE, MAS RARAMENTE SERVIDAS EM MESAS DOMÉSTICAS, AS MOLEJAS SÃO FÁCEIS DE PREPARAR EM CASA. USE APENAS MOLEJAS DO PÂNCREAS. NÃO HÁ NECESSIDADE DE ESCALDAR, EMBORA ISSO SEJA FREQUENTEMENTE RECOMENDADO POR SUPOSTAMENTE FACILITAR A RETIRADA DA PELE, MAS UMA FACA DE FILETAR AFIADA TEM A MESMA EFICÁCIA.

INGREDIENTES

(para 4)

4 x 150 g de molejas de vitelo (2 pares)
2 colheres de sopa de azeite de oliva
1 colher de chá de curry em pó leve
1 colher de chá de sal marinho
200 g de cenouras cortadas em bastões ou fatiadas à julienne
100 g de manteiga sem sal
200 g de folhas de espinafre novas
24 echalotes descascadas
75 g de cogumelos girolles

PARA O MOLHO

75 ml de Caldo de Frango (página 18), mais 1 colher de sopa para o espinafre
75 ml de Sauternes ou outro vinho branco suave
25 g de manteiga sem sal resfriada e cortada em cubos
sal marinho e pimenta-do-reino moída na hora

1 Para fazer o molho, tenha à mão o caldo de frango. Coloque o Sauternes em uma caçarola pequena e ferva até reduzir pela metade. Acrescente o caldo de frango e ferva novamente até reduzir pela metade.

2 Usando uma faca de filetagem fina e afiada, retire a membrana das molejas, passando a faca por baixo da membrana e fazendo movimentos de serra para a frente e não em sua direção. Preaqueça o forno a 200°C.

3 Aqueça o azeite em uma frigideira de fundo grosso em fogo médio e doure as molejas por 4 a 5 minutos de cada lado, ou até que fiquem caramelizadas e douradas. Enquanto cozinha, acrescente o curry e o sal.

4 Retire do fogo, cubra cada moleja com papel-manteiga ou papel-alumínio e transfira para o forno. Cozinhe por 8 minutos, ou até que fique firme. Retire do forno e reserve em local aquecido, ainda coberto.

5 Cozinhe as cenouras com um quarto dos 100 g de manteiga e água suficiente para cobri-las até que fiquem cozidas e firmes – aproximadamente 5 minutos. A água deve ter quase evaporado. Tempere e mantenha aquecido.

6 Cozinhe o espinafre em outra quarta parte da manteiga e 1 colher de sopa de caldo de frango ou água, apenas até que murche. Escorra, tempere e mantenha aquecido.

7 Em uma panela de fundo grosso, cozinhe levemente as echalotes com outra quarta parte da manteiga, virando frequentemente até ficarem macias e douradas. Retire do fogo e escorra.

8 Acrescente a quarta parte restante da manteiga à mesma panela e salteie os cogumelos por alguns minutos até que fiquem macios. Retire do fogo e escorra.

9 Para terminar o molho, aqueça-o novamente até começar a ferver. Verifique o tempero, acrescente os 25 g de manteiga resfriada em cubos.

10 Esprema o espinafre em um pano seco para enxugá-lo e coloque um monte no centro de cada prato aquecido. Arrume uma moleja sobre cada monte e coroe com as cenouras. Coloque as echalotes e cogumelos ao redor das molejas. Aqueça novamente o molho e bata até espumar com um mixer manual elétrico. Despeje ao redor das molejas.

Alcatra de cordeiro à Niçoise

PRATOS À NIÇOISE SÃO BRILHANTES E COLORIDOS, COM SABORES FORTES E ROBUSTOS DE PIMENTA, ALHO, TOMATE E AZEITONA. COMBINE TAIS ELEMENTOS COM CARNE DE CORDEIRO, ASSADA APENAS ATÉ FICAR MACIA, E TERÁ UM PRATO QUE VERDADEIRAMENTE REFLETE A VIBRAÇÃO DE PROVENCE. PARA AS ALCATRAS DE CORDEIRO, PEÇA AO AÇOUGUEIRO QUE CORTE PEDAÇOS GROSSOS E SEM OSSO DA PARTE TRASEIRA DO CORDEIRO, NA JUNÇÃO COM A PATA.

INGREDIENTES

(para 4)

700 ml de Caldo de Cordeiro (página 17)
2 colheres de chá de manjericão e 2 de estragão picados
4 alcatras de cordeiro sem osso, pesando aproximadamente 250 g cada
40 g de manteiga clarificada derretida ou 2 colheres de sopa de azeite de oliva
100 g de azeitonas pretas sem caroço cortadas ao meio
sal marinho e pimenta-do-reino moída na hora

PARA A GUARNIÇÃO NIÇOISE

4 x Batatas Rösti (página 94)
24 x Fatias de Berinjela Cristalizadas (página 180)
24 x Minicebolas Vitrificadas (página 93)
2 abobrinhas
4 tomates maduros
2 ramos grandes de tomilho
2 ramos de alecrim
100 ml de azeite de oliva

1 Tenha à mão o caldo de cordeiro, as batatas rösti, as minicebolas vitrificadas e as fatias de berinjela cristalizadas.

2 Para preparar a guarnição niçoise, corte as abobrinhas em fatias de 1 cm. Mergulhe os tomates rapidamente em água fervente, tire a pele e as sementes, e corte-os em quatro partes. Corte as extremidades do ramo de tomilho, formando pequenas "flores", e pique o alecrim.

3 Coloque o azeite em uma caçarola média e salteie levemente as abobrinhas junto com as "flores" de tomilho e o alecrim picado por aproximadamente 6 minutos, ou apenas até que fiquem macios. Retire com uma escumadeira e escorra em papel-toalha. Salteie os tomates até ficarem macios, retire e escorra. Tempere os legumes sautés e reserve-os juntos em local aquecido.

4 Para fazer o molho, ferva o caldo de cordeiro até reduzir cerca de dois terços. Acrescente o manjericão e o estragão picados. Verifique o tempero.

5 Para cozinhar o cordeiro, primeiramente preaqueça o forno a 190°C. Aqueça a manteiga clarificada ou azeite em uma frigideira de ferro fundido e doure as alcatras por igual. Transfira a frigideira para o forno e asse por 8 a 10 minutos. Retire a carne, tempere e deixe descansar coberta, em local aquecido, por aproximadamente 5 minutos.

6 Corte a alcatra em fatias finas. Coloque uma batata rösti no centro de cada prato aquecido e arrume fatias de cordeiro em cada um deles. Distribua em volta os legumes sautés, as minicebolas vitrificadas, as azeitonas cortadas ao meio e as fatias de berinjela cristalizadas. Com uma colher, coloque o molho sobre o cordeiro e os legumes e sirva.

Filé de lombo de cordeiro assado com lentilhas

O CORDEIRO É SEMPRE UMA ESCOLHA POPULAR NO NOSSO MENU, E ESTE É UM LINDO PRATO PARA O FIM DA PRIMAVERA, QUANDO OS CORDEIROS ESTÃO EM SUA MELHOR ÉPOCA. CORTO FILÉS BEM-APARADOS DO LOMBO DO CORDEIRO E OS ENROLO EM ERVAS FRESCAS PICADAS ANTES DE ASSAR E FATIAR.

INGREDIENTES

(para 2)

300 ml de Caldo de Cordeiro (página 17)
2 x Batatas Rösti (página 94)
½ receita de Minicebolas Vitrificadas (página 93)
100 g de Concassé de Tomate (página 97)
50 g de lentilhas, deixadas de molho de véspera
1 bouquet garni (página 18)
1 cebola pequena descascada e cortada ao meio
1 cenoura pequena descascada
40 g de manteiga
50 g de repolho cortado em finas fatias, à julienne
8 pontas de aspargos pequenas
1 lombo de cordeiro inteiro
1 colher de chá de: cerefólio, manjericão, cebolinha e salsa, picados
1 colher de sopa de azeite de oliva
sal marinho e pimenta-do-reino moída na hora

1 Tenha à mão o caldo de cordeiro, as batatas rösti, as minicebolas vitrificadas e o concassé de tomate. Ferva o caldo de cordeiro até reduzir em dois terços. Reserve.

2 Escorra as lentilhas e coloque-as em uma caçarola com o bouquet garni, a cebola e a cenoura. Cubra com água fresca, deixe ferver e então abaixe o fogo e cozinhe por 15 a 20 minutos, até ficarem macias. Escorra, retire o bouquet garni, a cebola e a cenoura, e reserve.

3 Em uma panela pequena, derreta metade da manteiga e deixe suar o repolho por 2 minutos, ou até que murche, mexendo de vez em quando. Misture com as lentilhas e reserve.

4 Branqueie os aspargos em um pouco de água fervente por 2 minutos, escorra, esfrie em água fria, escorra novamente e reserve.

5 Preaqueça o forno a 200°C. Corte a carne de ambos os lados do lombo de cordeiro e fatie em filés perfeitos. Misture as ervas, reservando umas 2 colheres de chá para o molho. Enrole os filés no restante das ervas, certificando-se de que fiquem cobertos por igual.

6 Aqueça o azeite em uma frigideira que possa ir ao forno e frite os filés rapidamente por igual para selar. Cubra a carne com papel-manteiga ou papel-alumínio. Asse no forno por 5 a 6 minutos, ou até que os filés fiquem rosados no centro. Retire e reserve, sem tirar o papel.

7 Aqueça novamente as batatas rösti no forno e as minicebolas vitrificadas em uma panela (não é necessário acrescentar líquido). Ferva novamente o caldo de cordeiro, acrescente as ervas reservadas, verifique o tempero e acrescente metade da manteiga restante.

8 Usando a última parte da manteiga, aqueça novamente as lentilhas e o repolho em uma panela e os aspargos em outra. Coloque um molde de 7,5 cm de diâmetro no centro de cada prato aquecido e preencha-o com a mistura de lentilhas e repolho, apertando levemente. Retire o molde e coloque uma batata rösti sobre cada monte.

9 Corte o cordeiro em fatias e coloque sobre as batatas rösti. Arrume as minicebolas vitrificadas, o concassé de tomate e os aspargos ao redor das lentillhas e do cordeiro. Ferva novamente o molho, cubra o cordeiro com uma colherada dele, e coloque o restante sobre os legumes. Sirva imediatamente.

Alcatra de vitela assada com cogumelos sautés

UM PRATO SIMPLES DE SUCULENTA ALCATRA DE VITELA ASSADA NA PANELA, FATIADA EM MEDALHÕES E SERVIDA COM COGUMELOS E UM LEVE MOLHO DE VITELA. PEÇA AO AÇOUGUEIRO UMA ALCATRA DE VITELA – UM CORTE SIMILAR AO DA ALCATRA BOVINA –, ENTÃO CORTE-A EM DUAS TIRAS, NO SENTIDO DO COMPRIMENTO, E USE BARBANTE PARA AMARRAR CADA UMA DELAS FORMANDO ROLOS PERFEITOS.

INGREDIENTES

(para 4)

2 colheres de sopa de Confit de Echalote (página 94)
1 colher de sopa de Concassé de Tomate (página 97)
200 ml de Caldo de Vitela (página 16)
4 Batatas Rösti (página 94)
800 g de alcatra de vitela
200 g de cogumelos frescos fatiados
3 colheres de sopa de azeite de oliva
2 colheres de chá de cebolinha picada
200 g de folhas de espinafre novas
25 g de manteiga
4 colheres de sopa de vinho do Porto ruby
sal marinho e pimenta-do-reino moída na hora

1 Tenha à mão o confit de echalote, o concassé de tomate, o caldo de vitela e as batatas rösti, e reserve.

2 Limpe a carne, retirando toda a gordura, e corte-a em duas tiras compridas, de aproximadamente 15 cm cada. Amarre-as em formato de filés compridos, apertando o barbante para formar rolos. Preaqueça o forno a 220°C.

3 Salteie os cogumelos em 2 colheres de sopa de azeite por aproximadamente 5 minutos, ou até que fiquem macios. Acrescente o confit de echalote, o concassé de tomate e a cebolinha. Tempere e reserve em local aquecido.

4 Branqueie o espinafre em um pouco de água fervente com metade da manteiga, escorra bem e mantenha aquecido.

5 Tempere os rolos de vitela e coloque-os em uma assadeira. Pincele com o restante do azeite. Asse por 10 a 12 minutos, ou até ficarem flexíveis ao toque e rosados no centro.

6 Para fazer o molho, deixe ferver o caldo de vitela junto com o vinho do Porto. Ferva até reduzir em um terço e verifique o tempero. Acrescente o restante da manteiga e mexa.

7 Arrume o espinafre em montes no centro de cada prato aquecido e coloque uma batata rösti sobre cada monte.

8 Desamarre os rolos de vitela e fatie cada um em 5 ou 6 medalhões. Coloque-os sobre as batatas rösti e arrume na borda a guarnição de cogumelos sautés e concassé de tomate.

9 Com uma colher, coloque um pouco do molho sobre a vitela e despeje o restante sobre a guarnição. Sirva quente.

Frango poché-grillé com molho de foie gras

ESTE ESTILO DE COZINHAR E DEPOIS GRELHAR O FRANGO – DEIXANDO-O POCHÉ-GRILLÉ – É MUITO USADO PARA PREPARAR POMBOS NA FRANÇA. AQUI, EU O ADAPTEI PARA O PREPARO DE FRANGO. O MÉTODO COMBINA ESCALDAR A CARNE AINDA COM OSSO, O QUE A MANTÉM MOLHADA, COM GRELHAR, O QUE AJUDA A SOLTAR A GORDURA DE MANEIRA QUE A CARNE FIQUE MACIA E A PELE FIQUE CROCANTE. PARA MIM, O MELHOR FRANGO É O FRANCÊS DE BRESSE, COM SUAS CARACTERÍSTICAS PATAS PRETAS E CARNE REFINADA, MAS É POSSÍVEL USAR UM BOM FRANGO CAIPIRA. O MOLHO ESTILO CAPPUCCINO PODE SER SERVIDO DA MANEIRA ORIGINAL, OU, PARA SEGUIR O VERDADEIRO ESTILO DO AUBERGINE, PODE-SE COLOCAR SOMENTE A ESPUMA SOBRE O PEITO DE FRANGO.

INGREDIENTES

(para 4)

2 frangos caipiras, pesando aproximadamente 900 g cada um
250 g de Tagliatelle caseiro (página 29) ou pronto e fresco
50 g de manteiga, mais uma bolinha para o acabamento
2 colheres de sopa de azeite de oliva
375 g de minicebolas ou echalotes sem casca
300 g de folhas miúdas de espinafre
100 g de ervilhas
100 g de feijão-fava sem as vagens
2 ramos de estragão

PARA O MOLHO

2,5 litros de Caldo de Frango (página 18)
1 folha de louro
1 ramo de alecrim
1 cenoura grosseiramente picada
½ cebola média grosseiramente picada
½ talo de aipo grosseiramente picado
6 grãos de pimenta-branca
200 g de foie gras fresco
150 ml de creme de leite
25 g de manteiga sem sal
suco de limão
sal marinho e pimenta-do-reino moída na hora

1 Prepare o caldo de frango e reserve.

2 Corte as coxas e as asas dos frangos e guarde-as, pois poderão ser usadas em outro prato – talvez um cozido de meio de semana. Deixe o peito intacto na carcaça de cada frango.

3 Se estiver usando tagliatelle caseiro, branqueie por 1 minuto, escorra e reserve. Para massa pronta fresca, siga as instruções da embalagem.

4 Aqueça a manteiga e metade do azeite em uma frigideira e frite levemente as cebolas ou echalotes até ficarem levemente douradas, agitando a frigideira de vez em quando. Retire da frigideira e reserve.

5 Branqueie o espinafre em uma quantidade mínima de água, suficiente apenas para cobri-lo por alguns segundos, até murchar. Escorra em uma peneira e resfrie sob água fria para parar o cozimento e preservar a cor. Esprema levemente em um pano limpo ou papel-toalha para secar. Reserve.

6 Branqueie as ervilhas e o feijão-fava em panelas separadas em água salgada fervente. Escorra. Retire as vagens do feijão-fava e reserve tanto os feijões quanto as ervilhas em local aquecido.

7 Prepare o molho. Preaqueça o forno na temperatura mais baixa. Em uma caçarola grande, coloque o caldo de frango para ferver junto com a folha de louro, o alecrim, a cenoura, a cebola, o aipo e os grãos de pimenta. Acrescente o frango, certificando-se de que o peito fique submerso no caldo.

8 Abaixe o fogo para o líquido ferver bem lentamente, com poucas bolhas; então tampe e cozinhe o frango por 10 minutos. Retire, cubra com papel-alumínio sem apertar e mantenha aquecido no forno.

9 Coloque o caldo novamente no fogo e ferva rapidamente até reduzir pela metade. Coe em uma peneira fina e reserve aproximadamente 400 ml. O restante do caldo poderá ser usado em outra receita ou congelado.

10 Fora do fogo, acrescente o foie gras em pedaços ao caldo reservado, mexendo até a mistura ficar homogênea. Junte o creme de leite e a manteiga. Acres- →

cente um pouco de suco de limão fresco e tempere a gosto. Aqueça apenas até começar a ferver, retire do fogo e reserve.

11 Enquanto isso, preaqueça a grelha. Retire os frangos do forno, tire o papel-alumínio e corte as carcaças, deixando a pele. Grelhe os peitos com a pele para cima por 4 minutos e, com uma faca afiada, corte alguns talhos diagonais, embrulhe-os em papel-alumínio sem apertar e coloque de volta no forno para mantê-los aquecidos.

12 Aqueça o azeite restante em uma panela e frite rapidamente as folhas de estragão, com cuidado para não queimar. Escorra e reserve.

13 Aqueça uma bolinha de manteiga em uma frigideira e rapidamente aqueça o tagliatelle, o espinafre e as cebolas ou echalotes em rápida sucessão. Retire e mantenha-os aquecidos em pratos separados. Se necessário, aqueça novamente o feijão e as ervilhas.

14 Para servir, enrole um quarto do tagliatelle nos dentes de um garfo para carne para cada porção, e coloque no centro de um prato grande aquecido, ou simplesmente formando um monte. Cubra com um quarto do espinafre.

15 Arrume um pedaço de peito de frango sobre cada monte de espinafre, de maneira que caia abrindo em leque. Coloque as cebolas ou echalotes, as ervilhas e o feijão ao redor do frango.

16 Aqueça novamente o molho e bata com um mixer manual elétrico, para formar espuma. O ideal é colocar somente a espuma do molho sobre o frango e servir o restante do molho separadamente. Decore com as folhas de estragão fritas e sirva imediatamente.

Perdiz assada sobre cama de repolho

AS AVES DE CAÇA E O REPOLHO FORAM FEITOS UM PARA O OUTRO. ESTE PRATO DE PERDIZ É UM ASSADO FÁCIL DE PREPARAR E, COMO É SERVIDO APENAS COM VERDURAS, É TÃO LEVE QUANTO SABOROSO. A AVE É COZIDA EM DOIS ESTÁGIOS, COM AS PATAS E AS ASAS RETIRADAS DEPOIS DE ASSADA NA PANELA, PARA EVITAR QUE COZINHE DEMAIS.

INGREDIENTES

(para 2)

200 ml de Caldo Dourado de Frango (página 18)
1 colher de sopa de azeite de oliva
1 x 800 g de perdiz, preparada para o forno
85 g de manteiga
1 ramo grande de tomilho
½ cabeça pequena de repolho, pesando aproximadamente 250 g, cortado em finas fatias, à julienne
12 alhos-porós pequenos aparados e deixados inteiros
100 g de cogumelos selvagens (ex.: cèpes ou girolles), fatiados se forem grandes
sal marinho e pimenta-do-reino moída na hora

1 Tenha à mão o caldo dourado de frango e ferva para reduzir pela metade – aproximadamente 100 ml. Reserve.

2 Preaqueça o forno a 220°C. Enquanto isso, aqueça o azeite em uma frigideira que possa ir ao forno na chama do fogão e doure a ave por igual, cozinhando e virando por aproximadamente 5 minutos.

3 Coloque a frigideira no forno e asse até que a perdiz fique cozida, mas a carne ainda esteja rosada por dentro – em média 7 a 8 minutos. Retire e deixe descansar, de preferência coberta com papel-manteiga ou papel-alumínio. Mantenha o forno ligado.

4 Derreta um terço da manteiga e salteie rapidamente o repolho, mexendo e agitando até que comece a murchar. Pegue as pontas dos ramos de tomilho – que chamamos de "flores" de tomilho – e coloque a metade sobre o repolho enquanto cozinha. Tempere levemente e mantenha aquecido.

5 Branqueie os alhos-porós em um pouco de água fervente, escorra bem e acrescente uma bolinha da manteiga restante. Mantenha aquecido.

6 Derreta metade da manteiga restante e salteie rapidamente os cogumelos apenas até ficarem cozidos. Tempere e mantenha-os aquecidos.

7 Agora, retire o peito e as patas da carcaça da perdiz e coloque de volta na frigideira. Descarte a carcaça. Cubra as patas e o peito com papel-manteiga ou papel-alumínio e coloque de volta no forno quente por mais 4 minutos.

8 Aqueça novamente o caldo e acrescente as "flores" de tomilho restantes e a última parte da manteiga, batendo para engrossar o molho.

9 Para servir, coloque o repolho no centro de pratos aquecidos. Corte cada coxa ao meio e coloque sobre o repolho; depois corte o peito em 6 fatias e coloque-as sobre as coxas. Decore a parte externa com os alhos-porós e os cogumelos e cubra com o molho.

Galinha-d'angola assada com feijão-fava e aspargos baby

AS GALINHAS D'ANGOLA SÃO UMA ALTERNATIVA SABOROSA PARA O FRANGO. USAMOS AVES DA FRANÇA, MAS AVES CAIPIRAS DE BOA QUALIDADE SÃO BEM-ACEITAS. ESTE É UM PRATO IDEAL PARA SERVIR NA ESTAÇÃO DE FEIJÃO-FAVA FRESCO E ASPARGOS NOVOS. FORA DA ESTAÇÃO, É POSSÍVEL USAR FEIJÃO-FAVA NOVO E DE BOA QUALIDADE CONGELADO E ASPARGOS FINOS.

1 Prepare o caldo de frango e reserve.

2 Retire as coxas e asas da galinha-d'angola e corte também o osso da coluna. Deixe o peito intacto na carcaça. Reserve as coxas e as asas.

3 Ferva o caldo de frango em uma panela grande o suficiente para colocar a galinha. Acrescente o peito na carcaça, tampe e cozinhe por 6 a 7 minutos. Retire a ave do caldo e reserve para esfriar.

4 Para fazer o molho, acrescente as coxas e asas ao caldo e ferva até reduzir pela metade. Coe em uma peneira. Descarte as coxas e as asas e reserve o molho.

5 Branqueie o feijão por aproximadamente 2 minutos em água fervente com sal. Escorra e, quando esfriar o suficiente para manusear, retire as peles.

6 Branqueie os aspargos por 1 a 2 minutos em água fervente com sal, escorra e reserve.

7 Aqueça um terço da manteiga e salteie os cogumelos apenas até ficarem cozidos. Mantenha-os aquecidos.

8 Preaqueça o forno a 220°C. Corte o peito da carcaça, e descarte os ossos. Aqueça dois terços da manteiga restante em uma frigideira que possa ir ao forno e cozinhe o peito com a pele para baixo por 2 a 3 minutos ou até que ela fique crocante e levemente dourada.

9 Coloque a frigideira no forno e continue a cozinhar o peito por 4 a 5 minutos. Tempere e deixe descansar por alguns minutos antes de cortar cada um em 5 a 6 pedaços.

10 Aqueça novamente o feijão e os aspargos em metade da manteiga restante. Coloque os cogumelos no centro de cada prato aquecido. Arrume as fatias de galinha-d'angola sobre eles e o feijão, e os aspargos ao redor.

11 Ferva o molho novamente, verifique o sabor e acrescente a última parte da manteiga e o cerefólio, mexendo. Com uma colher, coloque o molho sobre a carne e os vegetais, e sirva.

INGREDIENTES

(para 2)

400 ml de Caldo de Frango (página 18)
1 galinha-d'angola pesando aproximadamente 1,2 kg
150 g de feijão-fava fresco
150 g de aspargos novos
60 g de manteiga
100 g de cogumelos selvagens (fatiados se forem grandes)
1 colher de chá de cerefólio picado
sal marinho e pimenta-do-reino moída na hora

Pato Barbary com pêssegos vitrificados

UM PRATO SIMPLES E RÁPIDO COM PEITO DE PATO BARBARY, QUE AGORA É FACILMENTE ENCONTRADO EM GRANDES SUPERMERCADOS EUROPEUS. É SERVIDO COM PÊSSEGOS FRESCOS CARAMELIZADOS, COZIDOS COM UMA PITADA DE PÓ DE CINCO ESPECIARIAS.

1 Prepare o caldo de vitela e as cascas de laranja cristalizadas, e reserve.
2 Aqueça um terço da manteiga em uma caçarola e salteie as echalotes com o mel e a metade do pó de especiarias até que fiquem macias e caramelizadas – aproximadamente 7 minutos.
3 Acrescente o vinagre e cozinhe até evaporar. Junte o vinho do Porto e o Madeira e ferva até ficar com consistência de xarope e reduzido em dois terços aproximadamente.
4 Acrescente o caldo de vitela e ferva por 15 minutos ou até reduzir pela metade; então coe em uma peneira fina, esfregando levemente com a parte de trás de uma concha. Tempere esse molho e reserve.
5 Para vitrificar os pêssegos, acrescente o restante do pó de especiarias e o açúcar de confeiteiro. Aqueça outra terça parte da manteiga em uma frigideira antiaderente e salteie levemente os pêssegos, dando-lhes cor uniforme. Tome cuidado para não cozinhá-los demais. Reserve e conserve os sucos da frigideira em local aquecido.
6 Quando estiver preparado para cozinhar os peitos de pato, preaqueça o forno a 220°C. Faça sulcos na pele gordurosa do peito – isso faz com que a pele fique crocante quando cozida.
7 Sem usar óleo, aqueça uma frigideira antiaderente ou de fundo grosso até ficar bem quente. Acrescente os peitos com a pele para baixo e cozinhe por mais ou menos 3 minutos, dourando-os por igual. Dessa maneira, cozinharão na própria gordura.
8 Cubra a carne com papel-manteiga ou papel-alumínio e cozinhe no forno por 7 a 8 minutos, virando uma vez ou duas. Retire e deixe descansar por 3 minutos antes de cortar cada peito em 8 fatias.
9 Enquanto a carne descansa, cozinhe o espinafre em um pouco de água com a manteiga restante por aproximadamente um minuto ou até que murche. Escorra bem, espremendo levemente em um pano limpo ou papel-toalha.
10 Coloque um monte de espinafre no centro de cada prato aquecido a arrume o pato fatiado por cima e ao redor, fazendo um formato de pirâmide. Corte cada metade de pêssego em quatro partes a arrume sobre e ao redor do pato. Respingue os sucos reservados. Ferva o molho novamente, verifique o tempero e despeje com uma colher sobre e ao redor da carne. Decore com cascas de laranja cristalizadas.

INGREDIENTES
(para 2)

400 ml de Caldo de Vitela (página 16)
1 x quantidade de Cascas de Laranja Cristalizadas (página 187)
85 g de manteiga
6 echalotes fatiadas
1 colher de chá de mel
1 colher de chá rasa de pó de cinco especiarias
1 colher de chá de vinagre de xerez
200 ml de vinho do Porto ruby
100 ml de vinho Madeira
2 pêssegos amarelos grandes sem pele e sem caroços, cortados ao meio
1 colher de chá de açúcar de confeiteiro
2 x 150 g de peito de pato Barbary
150 g de folhas de espinafre baby
sal marinho e pimenta-do-reino moída na hora

Sobremesas

Fico verdadeiramente animado quando falo de sobremesas. No Aubergine, a sobremesa é o prato em que não poupamos esforços para que fique "de tirar o fôlego". Uma bela sobremesa pode competir com o melhor da arte. Adoro desenhar e passo horas com Damien, meu chef pâtissier, brincando com os designs. Gosto de imaginar que nossos clientes ficarão instigados com as sobremesas, e as vejo como frutos proibidos, para saborear e aproveitar.

Sorvetes e sorbets também me dão prazer. Os nossos são todos feitos na cozinha– nunca vêm de fora–, e frequentemente são servidos frescos depois de batidos. Prefiro uma pequena bola do paraíso a uma grande quantidade de mediocridade industrializada.

Um de meus primeiros trabalhos no Le Gavroche foi de confeiteiro noturno – começava a trabalhar à meia-noite. Foi assim que aprendi o essencial – brioche, sablé, massas doces etc. Muitos chefs têm medo de massas doces, mas elas me dão muita satisfação. Quando fui para Paris e para as cozinhas de Guy Savoy, trabalhei ao lado do brilhante e talentoso jovem Philippe Chapon e passei muito tempo em sua seção, aperfeiçoando meu francês e minhas habilidades.

Da mesma maneira que uma boa entrada estabelece o padrão para uma excelente refeição, uma sobremesa extraordinária representa o clímax – é o ponto alto, que faz com que os clientes deixem nosso restaurante com uma lembrança feliz e resplandecente – e com intenção de voltar.

Tatin de peras

A HISTÓRIA DAS IRMÃS TATIN E SUAS FAMOSAS TORTINHAS DE MAÇÃ DE CABEÇA PARA BAIXO É BEM CONHECIDA. A IDEIA FUNCIONA IGUALMENTE BEM COM PERAS. PREFIRO COZINHAR ANTES AS PERAS EM XAROPE DE CARAMELO, PARA DEPOIS ASSÁ-LAS COM MOLHO DE CARAMELO AMANTEIGADO E MASSA FOLHADA CASEIRA. ESCOLHA UMA FRUTA FIRME, QUE MANTENHA BEM A SUA FORMA DEPOIS DE COZIDA (RECOMENDO A VARIEDADE PACKHAM).

INGREDIENTES

(para uma torta de 21 cm)

¼ da receita de Massa Folhada Caseira (página 25)
10 peras firmes
325 g de açúcar refinado
50 g de manteiga sem sal cortada em cubos

1 Tenha à mão a massa folhada e reserve. Descasque, divida as peras em quatro partes e retire o centro. Então cubra e reserve.

2 Coloque três quartos do açúcar em uma caçarola funda com 4 colheres de sopa de água. Aqueça bem devagar, mexendo de vez em quando, até que o açúcar comece a dissolver. Com água e um pincel, desgrude os cristais de açúcar que ficaram grudados na panela. Isso fará com que o caramelo fique mais claro.

3 Quando todos os grãos de açúcar estiverem dissolvidos, pare de mexer, aumente o fogo e ferva o açúcar até que se transforme em um caramelo escuro e encorpado. Acrescente imediatamente os pedaços de pera, tomando distância, porque o caramelo vai espirrar.

4 Mexa bem as peras para cobri-las. Tampe e ajuste o fogo para ferver lentamente por 20 minutos, ou apenas até que as peras fiquem macias, mas mantendo a forma e a textura. Durante esse tempo, vire as peras uma vez ou duas. Retire do fogo. Deixe as peras esfriarem no caramelo e então resfrie. Escorra e reserve. Descarte o caramelo.

5 Coloque o açúcar restante em uma caçarola com 2 colheres de sopa de água. Dissolva o açúcar e ferva para formar caramelo como antes. Assim que o caramelo começar a esfumaçar, acrescente os cubos de manteiga e mexa. Quando formar um molho homogêneo, coloque em uma fôrma para pudim de 21 cm de diâmetro ou um recipiente de base fixa.

6 Abra a massa em um círculo de 23 cm de diâmetro. Fure-a bem e transfira para a geladeira para descansar por aproximadamente 10 minutos. Preaqueça o forno a 200°C.

7 Arrume as peras escorridas no molho de caramelo. Encaixe a massa em cima, empurrando bem as bordas para dentro para segurar as peras no lugar. Asse por 20 ou 25 minutos ou até que a massa fique dourada e crocante. Escorra o excesso de suco, deixando o suficiente para manter as peras molhadas.

8 Deixe esfriar na fôrma, então vire sobre um prato e sirva em temperatura ambiente.

Peras pochées em vinho tinto condimentado

ESTE PRATO É CONDESCENDENTEMENTE ADAPTÁVEL. SERVIDAS SEM ACOMPANHAMENTO, AS PERAS POCHÉES SÃO SOBREMESAS SIMPLES, LEVES E REFRESCANTES. NO AUBERGINE, AS SERVIMOS ACOMPANHADAS COM PORÇÕES OVAIS DE ARROZ-DOCE (PÁGINA 165), SORVETE DE GENGIBRE FRESCO (PÁGINA 172), UMA TUILE DE AVELÃ (PÁGINA 152), UM FIO DE CALDA DE FRAMBOESA E SNAP STRIPS DE CONHAQUE. A ESCOLHA DA PERA É IMPORTANTE: AS PACKHAM SÃO MINHAS FAVORITAS PORQUE MANTÊM BEM A FORMA, MAS SE NÃO FOR POSSÍVEL ENCONTRÁ-LAS, UMA OUTRA VARIEDADE DE PERAS QUE TENHA O MESMO FORMATO SERVE, DESDE QUE SEJA FIRME, QUASE DURA. É PRECISO COMEÇAR A PREPARAR ESTA RECEITA COM UNS DOIS DIAS DE ANTECEDÊNCIA. O LÍQUIDO DRENADO PODE SER REUTILIZADO.

INGREDIENTES

(para 6)

6 peras firmes
1 garrafa de 750 ml de vinho tinto
200 ml de Caldo-xarope (página 23)
1 pau de canela
5 favas de cardamomo
1 anis-estrelado

1 Descasque as peras, retirando apenas a pele fina e deixando os caules intactos. Para um efeito decorativo, deixe um pouco da casca ao redor do caule e na base e, com uma faca pequena e afiada, corte a casca em pontas irregulares. Retire o centro a partir da base, também usando uma faca pequena e afiada.

2 Coloque as peras em uma tigela grande e cubra com o vinho. Tampe, transfira para a geladeira e deixe as peras macerando por um dia, virando-as de vez em quando – isso ajuda a ficarem com uma cor forte.

3 Tenha à mão o caldo-xarope. Escorra o vinho em uma caçarola grande o suficiente para conter as peras em posição horizontal. Acrescente o caldo-xarope e os condimentos, e deixe ferver. Retire do fogo e acrescente as peras.

4 Cubra com um *cartouche* – um disco de papel-manteiga ou papel-alumínio cortado para encaixar exatamente na caçarola. Pressione-o sobre as peras para mantê-las imersas no líquido.

5 Ajuste o fogo para manter a fervura mais leve possível e escalde as peras levemente por 20 a 30 minutos, ou até que um espeto ou ponta de faca penetre nelas facilmente. Retire a caçarola do fogo e deixe as peras esfriarem no líquido. Cubra e resfrie por um dia. Escorra, retire os condimentos e sirva.

Tuiles de avelã

SÃO SERVIDAS ACHATADAS COMO BASE PARA PERAS POCHÉES EM VINHO TINTO CONDIMENTADO (PÁGINA 151), PARA ACOMPANHAR DELICADAS BOLAS DE SORVETE, OU LEVEMENTE CURVADAS, COMO PETITS FOURS.

INGREDIENTES

(para aproximadamente 24)

4 claras

50 g de açúcar refinado

2 colheres de sopa de farinha de trigo

250 g de avelãs moídas

3 colheres de sopa rasas de óleo de avelã

1 Bata levemente as claras para formar espuma e acrescente os outros ingredientes, ainda batendo. Resfrie por aproximadamente 2 horas.

2 Preaqueça o forno a 180°C. Forre uma assadeira com papel antiaderente e espalhe sobre ela pequenas colheres de chá da mistura, deixando espaço para crescerem um pouco e usando uma espátula para nivelar a parte superior. Para formas mais perfeitas, use um molde feito em casa (à direita).

3 Asse em porções de 4 a 6, até adquirirem um tom dourado-claro – aproximadamente 7 minutos. Retire com uma espátula e coloque as tuiles sobre um escorredor de metal, onde podem ficar crocantes enquanto esfriam. Para dar a elas uma superfície ainda mais plana, coloque uma segunda assadeira por cima para achatá-las enquanto esfriam.

4 Para tuiles curvas, enrole-as em volta de um rolo enquanto ainda estão quentes. Armazene em recipiente hermético.

PARA DAR O FORMATO DAS TUILES

PARA TUILES PERFEITAMENTE REDONDAS, ESPALHE A MISTURA EM MOLDES REDONDOS DE MAIS OU MENOS 7,5 cm DE DIÂMETRO. ELES PODEM SER FEITOS COM FACILIDADE EM CASA, COM TAMPAS PLÁSTICAS DE POTES DE SORVETE, POR EXEMPLO. CORTE AS EXTREMIDADES DA TAMPA E DEPOIS DESENHE E CORTE NELA QUANTOS BURACOS COUBEREM. ESPALHE UM POUCO DA MISTURA EM CADA BURACO E USE UMA ESPÁTULA PARA NIVELAR. DEPOIS RETIRE O MOLDE.

Tuiles de coco

MARAVILHOSAS COM FRAMBOESAS FRESCAS E SORVETE CASEIRO DE GENGIBRE FRESCO (PÁGINA 172).

INGREDIENTES

(para aproximadamente 24)

75 g de coco seco

75 g de açúcar de confeiteiro

2 colheres de sopa de farinha de trigo

2 claras

50 g de manteiga sem sal derretida e esfriada

1 Preaqueça o forno a 180°C.

2 Coloque o coco no processador até que fique fino, mas não reduzido a pó.

3 Acrescente o açúcar de confeiteiro e a farinha, e processe por mais alguns segundos até misturar bem; então acrescente as claras e a manteiga derretida e processe novamente até obter uma pasta homogênea, levemente líquida.

4 Forre uma assadeira com papel antiaderente e, usando uma colher de chá, espalhe porções da mistura sobre ela, deixando espaço para crescerem um pouco. Use uma espátula para nivelar a parte superior. Para formas mais perfeitas, use um molde feito em casa (acima, à direita).

5 Asse como as tuiles de avelã (acima) e armazene em recipiente hermético.

Musse de laranja

REFRESCANTE, LEVE COMO UMA PENA, PODE SER FEITA COM LARANJAS FRESCAS OU COM SUCO DE LARANJA INDUSTRIALIZADO. NO RESTAURANTE, MOLDAMOS AS MUSSES EM FORMATO DE PIRÂMIDE E SERVIMOS COM TRIÂNGULOS BEM FINOS DE CHOCOLATE ESCURO, MAS ELAS PODEM SER SIMPLESMENTE COLOCADAS EM RAMEQUIINS INDIVIDUAIS, E SERVIDAS COM CALDA DE TEXTURA LEVE DE LARANJA OU MARACUJÁ.

INGREDIENTES

(para 8 a 10)

1 litro de suco de laranjas frescas ou de suco de laranja industrializado
1/3 quantidade de Merengue Italiano (página 24)
5 folhas de gelatina ou 1 sachê de gelatina em pó
325 ml de creme de leite
um pouco de óleo de girassol, para untar

PARA A CALDA

500 ml de suco de laranja
6 maracujás
2 a 3 colheres de sopa de Caldo-xarope (página 23) ou 1 a 2 colheres de açúcar refinado
1 colher de chá de amido de milho

1 Primeiro prepare a musse: ferva 1 litro de suco de laranja até reduzir pela metade, ou aproximadamente 500 ml. Reserve.

2 Enquanto ferve, faça o merengue.

3 Se estiver usando gelatina em folhas, coloque-as de molho em uma tigela de água gelada até que fiquem macias; então retire e esprema levemente para tirar o excesso de água.

4 Divida em duas partes a quantidade de suco já reduzido. Coloque uma dessas porções de suco para ferver, acrescente a gelatina e mexa rapidamente até dissolver. Se estiver usando gelatina em pó, coloque-a sobre o suco assim que começar a ferver, batendo até dissolver. Acrescente o suco restante, mexa e coe em uma peneira fina.

5 Junte gradualmente o suco ao merengue italiano e bata; depois deixe esfriar até a temperatura ambiente. Enquanto isso, bata o creme até formar picos firmes. Quando a mistura da musse de laranja estiver fria, adicione-a cuidadosamente ao creme.

6 Para acelerar a definição da musse, coloque a tigela em outra tigela maior com água gelada, mexendo de vez em quando até a mistura ficar definida. Enquanto isso, unte levemente de 8 a 10 ramequins individuais.

7 Com uma colher, coloque a mistura nos ramequins, batendo levemente nas bases para não deixar bolhas de ar. Resfrie por 2 horas até ficar firme.

8 Enquanto as musses estão assentando, faça a calda: ferva os 500 ml de suco de laranja até reduzir pela metade. Corte os maracujás ao meio e, com uma colher de chá, retire a polpa e as sementes e acrescente ao suco. Ferva novamente por um minuto. Acrescente o caldo-xarope ou açúcar, verificando se está doce e acrescentando mais se necessário. Junte o amido de milho, bata e cozinhe a calda até ficar com consistência de cobertura.

9 Retire do fogo e coe em uma peneira fina. Cubra com filme plástico para evitar a formação de película e deixe esfriar. Para servir, mergulhe rapidamente os ramequins em água fervente, desenforme em pratos de sobremesa e cubra com a calda.

Frutas de verão vitrificadas com zabaione

ESTA SOBREMESA REÚNE, EM UM PRATO MEMORÁVEL, DUAS CALDAS CLÁSSICAS: UM COULIS DE FRAMBOESA FRESCO – QUE PODE SER FEITO COM A FRUTA LEVEMENTE MADURA DEMAIS – E UM ZABAIONE DE CHAMPANHE. FRUTAS VERMELHAS DE VERÃO MADURAS SÃO LEVEMENTE REVESTIDAS EM UMA CAMADA VERMELHA DE COULIS, DEPOIS RESPINGADAS COM O ZABAIONE DOURADO. PARA TER UMA SOBREMESA SIMPLES E ELEGANTE, DEIXE COMO ESTÁ, MAS PARA UMA APRESENTAÇÃO MAIS SOFISTICADA, ARRUME AS FRUTAS COBERTAS COM O COULIS E O ZABAIONE EM VOLTA DE BOLAS DE SORBET, QUE PODE ATÉ SER SERVIDO COM TUILES (PÁGINA 152), OU EM CESTAS DE BISCOITO DE CONHAQUE.

INGREDIENTES
(para 6)

700 g de uma seleção de frutas vermelhas frescas (morangos, amoras, cerejas, framboesas, mirtilos e todos os demais tipos de *berries*)

PARA O COULIS DE FRAMBOESA

500 g de framboesas frescas ou congeladas (se for usar congeladas, descongele-as primeiro)
100 a 125 g de açúcar refinado
suco de ½ limão

PARA O ZABAIONE

3 gemas
50 g de açúcar refinado
100 ml de champanhe em temperatura ambiente

1 Verifique meticulosamente as frutas vermelhas frescas, descascando-as e tirando caroços quando for necessário. O ideal é que os morangos sejam pequenos; os maiores devem ser cortados pelo menos ao meio.

2 Para fazer o coulis de framboesa, faça um purê das framboesas com açúcar a gosto e o suco de limão, e depois passe-o por uma peneira, esfregando com uma concha ou colher para retirar as sementes. Reserve para esfriar, juntamente com a seleção de frutas vermelhas, até ficar pronto para servir.

3 Faça o zabaione quando já estiver pronto para servir, pois ele fica melhor se servido morno. Coloque as gemas, o açúcar e o champanhe em uma tigela refratária e apoie sobre uma caçarola de água fervente em fogo brando. Bata com um batedor elétrico portátil ou com um fuet resistente até obter uma mistura cremosa e clara. A espuma deve ficar bem espessa para que não dissolva enquanto esfria. O ideal é que seja possível desenhar um oito na espuma quando retirar os batedores. Retire e deixe esfriar a espuma até ficar morna.

4 Para servir, mergulhe cuidadosamente no coulis as frutas preparadas e, com uma colher, coloque-as em pratos. Respingue com o zabaione. Se quiser servir bolas de sorbet, coloque-as no centro de cada prato, com as frutas dispostas ao redor delas em um círculo.

Terrina de toranja, laranja e maracujá

PEDAÇÕES DE TORANJA (GRAPEFRUIT) E LARANJA SÃO DISTRIBUÍDOS ALEATORIAMENTE EM CAMADAS COM BANANA E MORANGOS, E DEPOIS COLOCADOS EM GELEIA DE MARACUJÁ, PARA ATRAIR OS OLHARES. UM EXCELENTE PURIFICADOR DO PALADAR E MUITO LEVE, ESTA TERRINA É IDEAL PARA OCASIÕES EM QUE UMA SOBREMESA DE FRUTA ESPECIAL CAI BEM. DESCOBRI QUE ELA FAZ SUCESSO COM AS CRIANÇAS, ESPECIALMENTE SE FOR FEITA EM FÔRMAS INDIVIDUAIS, E FICA ESPECIALMENTE REFRESCANTE SERVIDA COM PEQUENAS BOLAS DE SORBET DE CHÁ EARL GREY (PÁGINA 173). FREQUENTEMENTE A SERVIMOS COM COULIS DE MARACUJÁ, MANGA CORTADA EM PEQUENOS CUBOS E MORANGOS.

INGREDIENTES

(para 8 a 10)

6 toranjas
8 laranjas grandes sem sementes
6 maracujás
200 ml de Caldo-xarope (página 23)
5 folhas de gelatina ou 1 sachê de gelatina em pó
2 bananas grandes
125 g de morangos frescos sem a pele

1 Com uma pequena faca de serra, corte o topo e o fundo das frutas cítricas. Retire o restante da casca com toda a membrana. Segurando cada fruta na mão, e trabalhando sobre uma tigela, corte cada segmento, abandonando as membranas internas. Descarte as eventuais sementes.

2 Coloque os segmentos sobre um pano limpo para drenar o suco e resfrie por 2 horas. Depois coloque os segmentos sobre outro pano limpo para drenar mais e resfrie novamente por mais uma hora. Isso é necessário porque os segmentos deverão estar secos o suficiente para não vazarem na geleia enquanto assentam.

3 Enquanto isso, faça um xarope de maracujá: corte os maracujás ao meio e esprema a polpa e o suco em uma peneira sobre uma tigela. Esfregue a polpa e as sementes na peneira, usando uma colher de pau. Descarte as sementes e misture o suco com o caldo-xarope.

4 Se estiver usando gelatina em folhas, mergulhe-as em água gelada até que fiquem macias depois retire e esprema-as levemente para eliminar o excesso de água.

5 Aqueça metade do xarope de maracujá até ferver. Retire do fogo e acrescente a gelatina, mexendo até dissolver. Se estiver usando gelatina em pó, espalhe-a diretamente sobre o xarope fervente, batendo até dissolver. Misture o restante do xarope de maracujá e coe a mistura em uma peneira.

6 Forre uma fôrma de pão de 1 kg com filme plástico, deixando uma sobra de aproximadamente 13 cm ao redor, para que possa ser dobrada por cima mais tarde.

7 Misture o xarope com os segmentos de frutas cítricas e, com uma colher, coloque um terço dessa mistura na base da fôrma. Descasque as bananas e coloque uma delas, no sentido do comprimento, em um lado da fôrma; coloque metade dos morangos do outro lado.

8 Coloque por cima mais segmentos de frutas e o xarope. Arrume a outra banana na mesma posição, no lado oposto ao da primeira. No outro lado, acrescente os morangos restantes. Finalize acrescentando os segmentos e o suco restantes. Se →

sobrar xarope, acrescente-o com cuidado, batendo levemente na fôrma toda, para permitir que o xarope encontre seu nível dentro dela.

9 Puxe as bordas do filme plástico para alisar bem e depois dobre-o com cuidado por cima. Coloque na geladeira para resfriar de um dia para o outro ou até que fique firme.

10 Cerca de 15 minutos antes de desenformar a terrina, transfira para o freezer. Imediatamente antes de servir, desdobre o filme plástico e vire a terrina em uma travessa ou bandeja de servir. Retire com cuidado todo o filme plástico. Corte em fatias de aproximadamente 2 cm de espessura, de preferência com uma faca elétrica, embora uma faca de serra grande sirva. Usando uma espátula perfurada, coloque cada fatia em um prato.

Suflês de damasco e framboesa

NÃO EXISTE MISTÉRIO NO PREPARO DE UM MARAVILHOSO SUFLÊ QUENTE PARA SOBREMESA. A TÉCNICA É FÁCIL DE APRENDER E, CONDESCENDENTEMENTE, A RECEITA SE DEIXA PREPARAR COM ANTECEDÊNCIA, DE MANEIRA QUE O SUFLÊ EXIJA APENAS UM MÍNIMO DE ATENÇÃO E UM BREVE TEMPO DE FORNO ANTES DE SER SERVIDO. UM EXCELENTE SUFLÊ, ENTRETANTO, É APENAS TÃO BOM QUANTO SUA BASE: DESDE QUE ELA SEJA ENCORPADA E SABOROSA, SÓ PRECISA QUE AS CLARAS ELEVEM A TEXTURA AO SUBLIME. PARA CADA QUANTIDADE DE MISTURA PARA BASE, USE OU PURÊ DE DAMASCO OU DE FRAMBOESA.

1 Tenha à mão a quantidade de Crème Pâtissière desejada e reserve.
2 Unte as fôrmas de suflê de maneira uniforme com a manteiga. Polvilhe com o chocolate, virando e batendo para retirar o excesso. Isso ajuda o suflê a crescer uniformemente, por isso certifique-se de que não deixou buracos.
3 Faça o purê da fruta que escolher. Para o suflê de damasco: escorra o suco da lata em uma panela grossa. Acrescente os damascos secos e água suficiente apenas para cobrir. Ferva em fogo brando até que os damascos fiquem macios e a maior parte do líquido tenha reduzido – aproximadamente 15 minutos. Transfira para o liquidificador ou processador. Acrescente o suco de limão, o licor de damasco e os damascos enlatados. Bata até formar um purê homogêneo; reserve para esfriar. Para o suflê de framboesa: misture as frutas formando um purê com o açúcar e ferva para reduzir pela metade. Deixe esfriar e esfregue em uma peneira com uma concha para retirar as sementes.
4 Misture o purê que escolher com a porção de Crème Pâtissière, batendo bem. A mistura pode ser reservada nesse ponto, se estiver preparando a receita com antecedência.
5 Preaqueça o forno a 190°C e coloque as fôrmas de suflê em uma assadeira. Bata as claras até o ponto de picos leves. Acrescente gradualmente o açúcar, ainda batendo. Bata a metade da mistura do merengue com o pâtissière de fruta e depois acrescente com cuidado o restante, com uma colher grande de metal.
6 Com uma colher, coloque nos ramequins preparados e raspe com as costas de uma faca para nivelar. Coloque os ramequins individuais em uma assadeira e asse por 10 a 12 minutos, até que os suflês cresçam substancial e uniformemente.
7 Agora, seja rápido! Tenha à mão o açúcar de confeiteiro em uma peneira e, enquanto tira os suflês do forno, polvilhe o topo deles com o açúcar. Coloque cada forminha sobre um prato (use uma espátula perfurada para servir com rapidez) e sirva imediatamente.

INGREDIENTES

(rende 6 suflês de 200 ml ou 8 de 150 ml)

PARA A BASE DO SUFLÊ

½ receita de Crème Pâtissière (página 22)
25 g de manteiga em temperatura ambiente
50 g de chocolate meio-amargo ralado bem fino
4 claras
85 g de açúcar refinado
uma ou duas colheres de sopa de açúcar de confeiteiro para polvilhar

PARA O SUFLÊ DE DAMASCO

1 x lata de 425 g de damasco em suco natural
125 g de damascos secos prontos para cozinhar
suco de 1/2 limão
1 colher de sopa de licor de damasco

PARA O SUFLÊ DE FRAMBOESA

500 g de framboesas frescas ou congeladas (se for usar congeladas, descongele-as primeiro)
125 g de açúcar refinado

Fondant de chocolate quente

UM FINAL ESPLÊNDIDO PARA UMA REFEIÇÃO, ESTES PEQUENOS FONDANTS TIPO SUFLÊS PODEM SER APRECIADOS QUENTES, RECÉM-SAÍDOS DO FORNO. ELES PODEM SER CONGELADOS (SEM ASSAR) E DEPOIS ASSADOS QUANDO AINDA CONGELADOS. POR ISSO, VALE A PENA FAZER UMA PORÇÃO, MESMO QUE NÃO VÁ CONSUMIR TODOS DE UMA SÓ VEZ. MUITO GOSTOSOS EM DIAS FRIOS, OS SERVIMOS COM UMA BOLA DE SORVETE DE GENGIBRE FRESCO (PÁGINA 172), DECORADOS COM CASCAS DE LARANJA CRISTALIZADAS (PÁGINA 187).

INGREDIENTES
(para 12)

1 receita de Merengue Italiano (página 24)
150 g de manteiga sem sal em temperatura ambiente, mais 25 g para untar
350 g de chocolate meio-amargo (com pelo menos 60% de cacau) quebrado em pedaços, e 50 g extras do mesmo chocolate, ralado fino
40 g de farinha de trigo
25 g de cacau em pó
3 colheres de chá de café instantâneo
6 gemas

PARA A CALDA DE CHOCOLATE QUENTE

150 ml de água fria
125 g de açúcar
40 g de cacau em pó
300 ml de creme de leite

1 Tenha à mão o merengue e reserve. Ele vai segurar bem.

2 Derreta os 25 g de manteiga e use para untar com um pincel as laterais e as bases de 12 forminhas ou potinhos individuais; então polvilhe com o chocolate ralado, virando as forminhas e batendo para retirar o excesso e assegurar uma cobertura uniforme. Reserve na geladeira para resfriar.

3 Coloque os pedaços de chocolate em uma tigela refratária sobre uma panela de água fervente em fogo bem brando. Derreta, mexendo de vez em quando. Retire e deixe esfriar até a temperatura ambiente.

4 Peneire juntos a farinha de trigo, o cacau em pó e o café. Coloque as gemas e 150 g da manteiga em uma tigela própria para bater e bata até emulsionar, por 2 a 3 minutos.

5 Junte a mistura de farinha de trigo com as gemas e a manteiga, batendo sempre. Em seguida, acrescente o chocolate derretido e, por último, junte com cuidado e o merengue. Coloque a mistura nas forminhas preparadas, batendo levemente nelas para certificar-se de que não fiquem bolhas de ar, e nivele com as costas de uma faca. Se não for usar imediatamente, eles podem ser colocados no freezer; caso contrário, cubra com filme plástico até o momento de assar.

6 Para a calda de chocolate quente, que pode ser preparada aproximadamente uma hora antes de servir, coloque a água, o açúcar e o cacau em pó em uma caçarola e aqueça levemente, mexendo sempre até que o açúcar e o cacau dissolvam. Deixe ferver, ainda mexendo, e então acrescente o creme de leite.

7 Deixe ferver novamente, e mantenha em fogo brando por 3 a 5 minutos, mexendo com frequência, até que a calda cubra as costas da colher. Retire do fogo e deixe esfriar um pouco; então cubra com filme plástico sem apertar, para evitar que forme película.

8 Quando chegar a hora de servir, preaqueça o forno a 190°C. Retire o filme plástico, coloque quantos fondants forem necessários em uma assadeira e asse por 15 minutos (se estiverem congelados, por 20 minutos), até que cresçam e fiquem com a parte superior firme.

9 Desenforme-os em pratos de sobremesa. Despeje a calda morna por cima e sirva imediatamente.

Torta de chocolate

FINA, ESCURA E DELICIOSA – UMA BASE DE MASSA FINA E CROCANTE CONTRASTA DE FORMA SUBLIME COM UMA GANACHE AVELUDADA DE CHOCOLATE AMARGO, LEVEMENTE ASSADA E PREPARADA PARA UM ACABAMENTO BRILHANTE. ALGUNS JÁ DISSERAM QUE ESTA É A MELHOR TORTA DE CHOCOLATE DE TODOS OS TEMPOS! SE QUISER, DECORE COM TRIÂNGULOS DE CHOCOLATE.

INGREDIENTES
(para 8 a 10)

1/3 da receita de Massa Doce (página 26)
1 gema batida com um pouco de água, para vitrificar
400 g de chocolate meio-amargo (com pelo menos 60% de cacau) picado fino
150 ml de leite
250 ml de creme de leite
2 ovos batidos

PARA SERVIR

1 receita de Cascas de Laranja Cristalizadas (página 187)
creme batido (chantilly)
açúcar de confeiteiro
cacau em pó

1 Tenha à mão a massa doce e as cascas de laranja cristalizadas.

2 Em uma superfície levemente polvilhada com farinha de trigo, abra a massa até ficar grande o suficiente para forrar, com um pouco de sobra, uma fôrma de pudim de 21 cm de diâmetro com base removível. Não corte certinho nesse estágio, permitindo que as bordas fiquem com um pouco de sobra. Pressione bem a massa nas laterais, com cuidado para não rasgá-la. Fure levemente a base. Reserve a sobra da massa para remendar.

3 Cubra com papel-alumínio, colocando feijões na base para fazer peso, e resfrie na geladeira por 20 minutos. Preaqueça o forno a 180°C.

4 Coloque a fôrma sobre uma assadeira e asse por aproximadamente 10 minutos ou até que a massa assente. Retire o papel-alumínio e os feijões. Usando uma faca afiada, corte as beiradas bem certinhas. Remende eventuais rasgos com a massa que sobrou. O objetivo é ter uma extremidade superior sem quebras, para que o recheio permaneça nivelado.

5 Coloque a fôrma novamente no forno por 5 minutos ou apenas até começar a pegar cor. Então, retire e pincele com gema batida com um pouco de água. Reduza a temperatura do forno para 130°C e asse a massa por 3 minutos para selar o brilho. Retire e reserve.

6 Enquanto isso, coloque o chocolate picado em uma tigela. Coloque o leite e o creme de leite em uma caçarola apenas até começar a ferver, e então despeje sobre o chocolate, batendo até que o chocolate derreta e todos os ingredientes se fundam.

7 Coloque os ovos batidos em outra tigela e acrescente a mistura de chocolate, batendo bem. Passe por uma peneira para assegurar que a mistura fique bem homogênea.

8 Ponha a fôrma de pudim novamente na assadeira e coloque-a sobre a grade do forno levemente puxada para fora. Coloque a mistura de chocolate dentro da massa, enchendo o quanto puder. Ela deve ficar quase nivelada com a borda.

9 Com cuidado, reposicione a grade e asse a torta por aproximadamente 25 minutos ou até que o recheio comece a assentar. Desligue o forno, deixando a torta lá dentro por mais 30 minutos; então retire e reserve para esfriar completamente. Quando estiver fria, retire a base para desenformar. Decore com creme batido e cascas de laranja cristalizadas polvilhadas com açúcar de confeiteiro e cacau em pó.

Pavé au chocolat

UMA MUSSE DE CHOCOLATE SUPREMA, PARA SERVIR COM FRAMBOESAS OU COM SORVETE DE BAUNILHA, OU COM AMBOS. NO AUBERGINE, SERVIMOS ESTA MUSSE DE CHOCOLATE ESCURO EM UMA BASE CROCANTE DE CHOCOLATE BRANCO EM PEQUENAS FÔRMAS INDIVIDUAIS. EM CASA, PODE SER MAIS FÁCIL FAZER UMA MUSSE GRANDE. OUTRA OPÇÃO SERIA DESPREZAR A BASE E SERVIR APENAS A MUSSE EM ELEGANTES TAÇAS DE VINHO. ADAPTEI A BASE PARA COZINHAS DOMÉSTICAS, UMA VEZ QUE NO RESTAURANTE USAMOS INGREDIENTES ESPECIAIS IMPORTADOS DA FRANÇA, COMO WAFERS TRITURADOS, CONHECIDOS COMO *PAILLETTE FEUILLETINE* E UMA PASTA DE PRALINA. PARA CONSEGUIR UM SABOR FORTE DE CHOCOLATE, ESCOLHA CHOCOLATES COM PELO MENOS 60% DE CACAU. ESTA SOBREMESA PODE SER FEITA E CONGELADA COM ANTECEDÊNCIA.

INGREDIENTES

(para 8 a 10)

PARA A BASE DE CHOCOLATE BRANCO

85 g de chocolate branco quebrado em pedaços
2 colheres de sopa de creme de leite
1 colher de chá de glicose líquida
85 g de casquinhas de wafer para sorvete trituradas ou de flocos de milho triturados

PARA A MUSSE DE CHOCOLATE ESCURO

300 g de chocolate escuro quebrado em pedaços
4 gemas
125 g de açúcar refinado
90 ml de água fria
300 ml de creme de leite
100 ml de leite

PARA SERVIR

framboesas frescas
sorvete de baunilha

1 Para a base, derreta o chocolate branco com o creme de leite, em uma tigela sobre uma panela de água fervente em fogo brando, mexendo de vez em quando até a mistura ficar homogênea. Retire a tigela e reserve. Quando esfriar, acrescente a glicose líquida e bata.

2 Acrescente o wafer ou os flocos triturados à mistura de chocolate e mexa. Coloque o aro externo de uma assadeira redonda de 21 cm de diâmetro, sem a base, sobre um prato de servir e pressione a mistura dentro dela, com as costas de uma colher. Deve ficar bem nivelado. Transfira para a geladeira.

3 Para a musse, derreta o chocolate em uma tigela sobre uma panela de água fervente em fogo brando, mexendo de vez em quando. Tome cuidado para não aquecer demais, ou ele vai "agarrar" e ficar difícil de mexer até ficar um creme homogêneo. Retire a tigela da panela e deixe esfriar até ficar em temperatura ambiente.

4 Coloque as gemas, o açúcar e a água em uma tigela grande, e a tigela sobre uma panela de água fervente em fogo brando. Usando um batedor manual ou elétrico, bata até obter uma espuma grossa, dourada e clara. Deve ser possível desenhar um oito com a espuma, se estiver na consistência certa. Com uma colher de metal, acrescente com cuidado o chocolate derretido e resfrie na geladeira.

5 Quando a mistura de chocolate estiver fria, bata o creme de leite e o leite juntos em outra tigela até formar picos leves. Acrescente com cuidado a metade desse creme na mistura de chocolate e, depois de incorporar bem, acrescente o restante. Esse processo de dois estágios vai assegurar uma textura leve. Com uma colher, coloque a mistura da musse sobre a base de wafer ou flocos triturados na fôrma de bolo, espalhando de modo a assegurar uma superfície nivelada. Coloque de volta na geladeira para assentar.

6 Quando a musse estiver firme, passe a ponta de uma faca ao redor do aro e retire-o. Passe uma espátula por baixo da base para soltar, mas mantenha-a no mesmo prato. Sirva com framboesas e sorvete de baunilha.

Arroz-doce

ESTE É UM DOS MEUS DOCES PREFERIDOS, AO QUAL ACRESCENTO UM TOQUE SOFISTICADO DE CRÈME ANGLAISE. A TEXTURA CREMOSA DE MUSSE DESTE ARROZ-DOCE O TORNA MUITO ATRAENTE COMO SOBREMESA GELADA, E ELE PODE SER SERVIDO EM PEQUENAS FÔRMAS OVAIS COMO ACOMPANHAMENTO PARA FRUTAS, TAIS COMO AS PERAS POCHÉES EM VINHO TINTO CONDIMENTADO (PÁGINA 151). ENTRETANTO, É IGUALMENTE BEM-ACEITO QUANDO APRESENTADO SOZINHO, SERVIDO EM PEQUENAS TIGELAS DE SOBREMESA OU EM ELEGANTES TAÇAS ALTAS E, TALVEZ, COM GOTAS DE PURÊ DE MANGA OU DE AMEIXA. TAMBÉM É MUITO BOM SERVIDO QUENTE, À MANEIRA TRADICIONAL.

INGREDIENTES
(para 8 a 10)

500 ml de leite
500 ml de creme de leite
1 fava de baunilha
180 g de arroz de grão arredondado
12 gemas
180 g de açúcar refinado

1 Em uma caçarola grande de fundo grosso, aqueça o leite e o creme de leite até o ponto de fervura. Enquanto isso, abra a fava de baunilha, raspe as sementes e acrescente-as, junto com a própria fava, à caçarola.

2 Junte o arroz, mexa e deixe ferver. Abaixe o fogo e continue cozinhando, mexendo de vez em quando, por 15 a 20 minutos, ou até que o arroz fique macio e a mistura reduzida e espessa.

3 Em uma tigela grande, bata as gemas e o açúcar até que a mistura fique clara e homogênea. Quando a mistura do arroz estiver pronta, acrescente-a gradualmente à mistura de gemas, mexendo.

4 Coloque a mistura de volta na caçarola e aqueça bem devagar até engrossar novamente, mexendo de vez em quando. Deixe esfriar, mexendo uma vez ou duas para evitar que forme película, e então resfrie sobre uma tigela de água gelada, até assentar.

5 Para servir como acompanhamento, faça em forma de quenelles (página 173), usando 2 colheres de sobremesa. Como alternativa, faça pequenos círculos usando moldes redondos sobre pratos de sobremesa.

Cassonades

NO AUBERGINE, SERVIMOS ESTAS CASSONADES, OU CREME DE OVOS, EM VÁRIOS SABORES, EM DELICADAS TACINHAS, OU COMBINANDO UMA SELEÇÃO DE TRÊS DELAS COMO UMA PORÇÃO INDIVIDUAL. MAS FICAM IGUALMENTE GOSTOSAS SERVIDAS EM TRAVESSAS OU TAÇAS MAIORES. OS SABORES MAIS PROCURADOS SÃO BAUNILHA, SARRIETTE (TOMILHO SILVESTRE SECO) E CAFÉ – NESTE ÚLTIMO EMPREGAMOS UMA ESSÊNCIA CASEIRA (ABAIXO). VOCÊ PODERÁ SE PERGUNTAR POR QUE USAMOS LEITE UHT. PORQUE ELE AJUDA A DAR ESTABILIDADE À MISTURA DURANTE O TEMPO DE FORNO – E ISSO TAMBÉM SIGNIFICA QUE PODEMOS USAR MENOS OVOS.

INGREDIENTES

(para 6)

PARA O CREME DE OVOS BÁSICO

500 ml de creme de leite

100 ml de leite UHT integral

4 gemas

85 g de açúcar refinado

açúcar demerara para salpicar

PARA AS VARIAÇÕES DE SABOR

2 favas de baunilha, já abertas, com as sementes separadas

ou

25 g de ramos de sarriette (tomilho silvestre seco)

ou

2 ramos de tomilho fresco

ou

125 g de grãos de café mais 1 colher de sopa de Essência de Café Caseira (abaixo)

1 Coloque o creme de leite, o leite e o sabor que preferir em uma caçarola grande e aqueça até o ponto de fervura. Preaqueça o forno a 120°C.

2 Bata as gemas em uma tigela grande. Quando o leite começar a levantar fervura, derrame-o sobre as gemas, batendo continuamente, e então acrescente o açúcar e bata até dissolver.

3 Coe em uma peneira fina, descarte os temperos, e coloque a mistura em 6 travessas individuais dispostas sobre uma assadeira. Asse por 35 a 45 minutos até assentar; então deixe esfriar e resfrie até ficarem firmes.

4 Para servir, salpique com uma leve e uniforme camada de açúcar demerara e coloque embaixo de uma grelha bem quente para cristalizar; ou, se tiver, use um maçarico manual para caramelizar o açúcar. Resfrie e sirva.

Essência de café caseira

INGREDIENTES

(rende aproximadamente 350 ml)

300 g de açúcar refinado

gotas de glicose líquida

4 colheres de sopa de água gelada

100 g de café instantâneo

1 Em uma caçarola de fundo grosso, umedeça o açúcar com algumas gotas de glicose líquida e a água. Dissolva lentamente, em fogo de baixo a médio, mexendo de vez em quando, empurrando para baixo com um pincel com água se começarem a aparecer cristais nas laterais da panela.

2 Quando todos os grãos tiverem dissolvido, pare de mexer, aumente o fogo e ferva o xarope de maneira constante até começar a caramelizar. Retire do fogo e misture cuidadosamente o café instantâneo.

3 Esfrie, coloque em uma garrafa e use conforme necessário.

Crème brûlée com ruibarbo tostado

AQUI, RUIBARBO E CREME DE OVOS RECEBEM TRATAMENTO SOFISTICADO. ESTE CREME TEM PREPARO DIFERENTE DO CUSTARD NORMAL: O AÇÚCAR É ACRESCENTADO DEPOIS QUE O LEITE FOI BATIDO COM AS GEMAS, RESULTANDO EM UMA MISTURA ESPESSA QUE PERMITE QUE AS SEMENTES DE BAUNILHA FIQUEM SUSPENSAS. SERVIMOS COM UMA PEQUENA BOLA DE SORBET DE FRAMBOESA E UM RAMO DE HORTELÃ.

INGREDIENTES
(para 6)

250 g de ruibarbo sem as folhas
1 colher de sopa de manteiga sem sal
1 colher de sobremesa de mel claro
2 favas de baunilha
350 ml de creme de leite
125 ml de leite UHT integral
6 gemas
75 g de açúcar refinado

PARA SERVIR

Morangos Secos (página 187) - opcional
Molho de Morangos (página 22)
açúcar demerara para salpicar

1 Tenha à mão os morangos secos, se for usá-los, e o molho de morangos.
2 Retire as nervuras fibrosas e ásperas do ruibarbo, e então corte os talos primeiramente em pedaços de 4 cm de comprimento e depois em bastões. Aqueça a manteiga e o mel em uma frigideira grande até borbulhar, acrescente o ruibarbo em uma única camada e "toste-o" levemente por 5 minutos, virando com cuidado, até ficar macio mas ainda inteiro.
3 Escorra em uma peneira e espalhe o ruibarbo sobre um pano limpo para absorver o excesso de líquido. Troque o pano mais duas vezes. É importante escorrer bem o ruibarbo, para que não "cresça" quando assar.
4 Enquanto isso, forre a base de seis ramequins com discos de papel-manteiga ou de papel-alumínio. Quando o ruibarbo estiver bem seco, divida-o entre as fôrmas, colocando os pedaços de forma organizada sobre as bases. Arrume os ramequins em uma assadeira.
5 Abra as favas de baunilha, retire as sementes e misture-as com o creme de leite. Coloque o creme, o leite e as favas vazias em uma caçarola grande e deixe ferver lentamente.
6 Enquanto ferve, bata as gemas em uma tigela grande até ficarem homogêneas, com um tom de amarelo mais claro. Preaqueça o forno a 120°C.
7 Quando a mistura de creme começar a levantar fervura, despeje-a, gradualmente, sobre as gemas, batendo continuamente. Acrescente o açúcar, batendo até dissolver. Coe em peneira fina e descarte as favas de baunilha.
8 Coloque um pouco de creme de ovos sobre o ruibarbo nos ramequins e transfira para o forno por 20 minutos ou até que a mistura assente. Acrescente o creme de ovos restante e asse por mais 45 a 60 minutos, ou até assentar levemente. O creme de ovos estará pronto quando, ao ser pressionado, soltar lentamente da fôrma, estando levemente mole no centro.
9 Deixe esfriar; refrigere até ficar bem firme. Para desenformar, passe uma faca ao redor de cada ramequin e vire sobre um prato. Retire os discos de papel.
10 Salpique açúcar demerara sobre os cremes de ovos, e então caramelize, ou usando um maçarico manual ou colocando-os sob uma grelha quente. Coloque os morangos secos embaixo das bordas de cada brûlée e derrame o molho de morangos ao redor, com uma colher.

Sorvetes e Sorbets

Para mim, poucas coisas trazem tanta satisfação quanto fazer sorvetes caseiros. O que particularmente me atrai é a simples variedade de sabores que podemos criar, refletindo uma originalidade e sutileza que se tornam verdadeiramente únicas. Há também um motivo prático para se fazer sorvete em casa – é muito simples e invariavelmente popular!

No Aubergine, usamos sorvetes e sorbets para acompanhar muitas das nossas sobremesas, fazendo as misturas congeladas em forma de quenelles, usando duas colheres de chá, ou servindo-as como moldes. Mas sorvetes e sorbets também impressionam por conta própria: uma seleção de três ou quatro deles pode ser preparada com antecedência e armazenada para servir espontaneamente. Se for congelado com antecedência dessa maneira, o sorvete precisa descansar por um período de aproximadamente 10 minutos em temperatura ambiente, para ficar com textura suave o bastante para adquirir o formato e ser servido.

Sorvetes e sorbets são compostos de essências acrescentadas às misturas básicas: crème anglaise para sorvetes e xaropes para sorbets. A temperatura intensamente fria pode mascarar os sabores e isso deve ser compensado preparando-se misturas bem-adoçadas e com sabor bastante realçado.

Crème anglaise

MEUS SORVETES SÃO FEITOS ACRESCENTANDO ESSÊNCIAS A UMA BASE ENCORPADA DE CRÈME ANGLAISE. AS ESSÊNCIAS SÃO ADICIONADAS OU NO INÍCIO DO PREPARO DO CUSTARD, COMO NO SORVETE DE BAUNILHA, CANELA OU GENGIBRE, OU NO FINAL, COMO NOS SORVETES DE AMEIXA E ARMAGNAC. DURANTE O CONGELAMENTO, OS SORVETES DEVEM SER AGITADOS EM MÁQUINAS ELÉTRICAS QUE QUEBRAM OS CRISTAIS DE GELO FACILMENTE, DANDO-LHES UMA TEXTURA SEDOSA. NA AUSÊNCIA DE UMA MÁQUINA DE SORVETE ELÉTRICA, A MAIORIA DAS MISTURAS PODE SER BATIDA À MÃO COM UM BATEDOR FORTE, TRÊS OU QUATRO VEZES DURANTE O CONGELAMENTO, PARA QUEBRAR OS CRISTAIS DE GELO E MELHORAR A TEXTURA, EMBORA O RESULTADO NÃO SEJA TÃO BOM QUANTO O DA MÁQUINA.

INGREDIENTES

(para 6 porções generosas, ou 8 a 10 menores)

500 ml de leite
500 ml de creme de leite
12 gemas
180 g de açúcar refinado

VARIAÇÕES DE SABOR

SUFICIENTE PARA UMA PORÇÃO DE CRÈME ANGLAISE:

SORVETE DE BAUNILHA: RETIRE AS SEMENTES DE DUAS FAVAS, ACRESCENTE-AS AO LEITE E CREME DE LEITE MISTURADOS; ACRESCENTE AS FAVAS VAZIAS TAMBÉM.

SORVETE DE CANELA: ACRESCENTE UM PAU DE CANELA E 2 ½ COLHERES DE CHÁ RASAS DE CANELA EM PÓ AO LEITE E CREME DE LEITE MISTURADOS.

SORVETE DE GENGIBRE FRESCO: ACRESCENTE 60 g DE GENGIBRE FRESCO DESCASCADO E PICADO AO LEITE E CREME DE LEITE MISTURADOS.

SORVETE DE AMEIXA E ARMAGNAC: TIRE OS CAROÇOS DE 150 g DE AMEIXAS FRANCESAS E PIQUE-AS EM PEDAÇOS PEQUENOS. DEIXE MACERAR EM 3 COLHERES DE SOPA DE ARMAGNAC POR PELO MENOS 8 HORAS, OU DE UM DIA PARA O OUTRO. FAÇA O SORVETE ATÉ O PONTO DE INCORPORAR E, DEPOIS DE TER REALIZADO APROXIMADAMENTE TRÊS QUARTOS DO PROCESSO (FIM DO PASSO 7), ACRESCENTE A FRUTA E A BEBIDA.

1 Em uma caçarola grande de fundo grosso, aqueça o leite, o creme de leite e a essência, mexendo de vez em quando, até que a mistura chegue ao ponto de fervura. Retire do fogo e deixe os sabores em infusão por 10 minutos.

2 Enquanto isso, coloque uma tigela grande sobre um pano úmido – para mantê-la estável – e bata as gemas e o açúcar até que a mistura adquira um tom dourado-claro e seja possível desenhar um oito na sua superfície.

3 Coloque o leite com o creme de leite e a essência de volta no fogo e deixe ferver novamente. Quando a mistura começar a levantar fervura, retire imediatamente do fogo e despeje a metade sobre a mistura das gemas com açúcar, batendo bem. Quando a mistura estiver bem homogênea, aqueça novamente o restante do leite cremoso e acrescente também, batendo até adquirir homogeneidade.

4 Coloque a mistura de creme de ovos de volta na panela e, com o fogo mais baixo possível, mexa por aproximadamente 2 minutos com uma colher de pau, até que a mistura cubra as costas da colher e fique com consistência parecida com a de creme de leite. Deve ser possível fazer uma linha bem definida com o dedo na mistura que ficar nas costas da colher. Não deixe o creme de ovos ferver, para não talhar. Se tiver um termômetro de açúcar, é possível verificar isso não deixando ultrapassar a temperatura de 82°C.

5 Coe a mistura em outra tigela usando uma peneira fina; descarte qualquer resíduo de essência, e esfrie o mais rápido possível, apoiando sobre uma tigela maior com água gelada. Mexa de vez em quando para evitar a formação de película na superfície. Depois de esfriar, refrigere até estar pronto para congelar.

INCORPORAÇÃO E CONGELAMENTO

1 Se estiver usando uma máquina de sorvete, siga as instruções do fabricante para incorporar a crème anglaise. Se não tiver uma máquina, bata a mistura manualmente, usando um batedor ou um garfo forte. Coloque a mistura gelada em um recipiente raso na parte mais fria do freezer, ou ligue o modo de congelamento rápido, dependendo do seu tipo de freezer.

2 Quando começar a formar cristais de gelo nas bordas, retire o recipiente do freezer e use um batedor ou um garfo forte e grande para incorporar os cristais ao restante da mistura. Coloque de volta no freezer. Repita esse processo umas 3 ou 4 vezes. O sorvete vai gradualmente ficando mais duro, mas de consistência mais macia.

3 Quando o sorvete estiver com consistência firme, cubra e deixe-o no freezer até o momento de servir. Se tiver feito o sorvete com antecedência e ele estiver muito duro, deixe amolecer um pouco em temperatura ambiente.

FAZENDO FORMAS DE QUENELLES

PARA SERVIR O SORVETE COMO QUENELLES, RETIRE UMA BOLA DE SORVETE LEVEMENTE AMOLECIDO, DÊ FORMA A ELA, USANDO DUAS COLHERES DE CHÁ, E COLOQUE AS QUENELLES SOBRE UMA BANDEJA. LEVE DE VOLTA AO FREEZER PARA QUE FIQUEM FIRMES. DEPOIS DISSO, ESTARÃO PRONTAS PARA SER COLOCADAS NO PRATO NO MOMENTO DE SERVIR.

Sorbets

O MÉTODO BÁSICO PARA PREPARAR SORBETS É SIMPLES: AÇÚCAR DISSOLVIDO EM ÁGUA OU SUCO E LEVEMENTE FERVIDO, RESFRIADO E INCORPORADO. PARADOXALMENTE, O ÁCIDO, EM FORMA DE SUCO DE LIMÃO OU LIMA, AJUDA A INTENSIFICAR A DOÇURA.

Sorbet de chá Earl Grey

1 Em uma caçarola grande de fundo grosso, ferva a água e o açúcar lentamente, mexendo levemente com uma colher de pau, até dissolver completamente o açúcar. Aumente o fogo e deixe o xarope ferver rapidamente por 5 minutos.

2 Retire do fogo, acrescente os sachês de chá Earl Grey e deixe em infusão por 10 minutos. Acrescente os sucos de lima e de limão e coe o líquido em uma jarra. Esfrie e refrigere.

3 Deixe incorporar em uma máquina de sorvete até ficar com textura firme, porém macia, e sirva imediatamente – ou transfira para um recipiente que possa ir ao freezer e congele por até duas semanas. Deixe amolecer levemente em temperatura ambiente antes de servir, ou faça quenelles (acima).

INGREDIENTES

(para 6 porções generosas, ou 8 a 10 menores)

900 ml de água fria
250 g de açúcar refinado
6 sachês de chá Earl Grey
suco de 1 lima
suco de 1 limão

Sorbet de laranja

INGREDIENTES
(para 10 porções generosas, ou 15 menores)

500 ml de água fria
400 g de açúcar refinado
900 ml de suco de laranja
suco de 1 limão

1 Em uma caçarola grande de fundo grosso, ferva a água e o açúcar lentamente, mexendo levemente com uma colher de pau, até dissolver completamente o açúcar. Aumente o fogo e deixe o xarope ferver rapidamente por 5 minutos.
2 Retire do fogo, acrescente os sucos de laranja e de limão e coe. Esfrie e refrigere.
3 Deixe incorporar em uma máquina de sorvete até ficar com textura firme porém macia, e sirva imediatamente – ou transfira para um recipiente que possa ir ao freezer e congele por até duas semanas. Deixe amolecer levemente em temperatura ambiente antes de servir, ou faça quenelles (página 173).

Sorbet de abacaxi

INGREDIENTES
(para 6 porções generosas, ou 8 a 10 menores)

1 abacaxi médio maduro
600 ml de água fria
250 g de açúcar refinado

1 Descasque o abacaxi, retire o centro e corte em pequenos pedaços.
2 Em uma caçarola grande de fundo grosso, ferva a água e o açúcar lentamente, mexendo levemente com uma colher de pau, até dissolver completamente o açúcar. Aumente o fogo e deixe o xarope ferver rapidamente por 5 minutos.
3 Acrescente o abacaxi e mexa, fervendo até ficar macio – aproximadamente 10 minutos. Deixe esfriar um pouco; então faça um purê e coe. Deixe esfriar completamente e refrigere.
4 Deixe incorporar em uma máquina de sorvete até ficar com textura firme porém macia, e sirva imediatamente – ou transfira para um recipiente que possa ir ao freezer e congele por até duas semanas. Deixe amolecer levemente em temperatura ambiente antes de servir, ou faça quenelles (página 173).

Sorbet de chocolate amargo

ESTA RECEITA COLOCA O SORVETE DE CHOCOLATE EM UMA NOVA DIMENSÃO – ESCURO E DELICIOSO, SEM SER ENCORPADO E CREMOSO. EMBORA SEJA SIMPLES DE PREPARAR, ESTE SORBET SÓ PODE SER FEITO USANDO UMA MÁQUINA DE SORVETE ELÉTRICA COM SEU PRÓPRIO FREEZER EMBUTIDO.

INGREDIENTES
(para 6 porções generosas, ou 8 a 10 menores)

250 ml de leite
250 ml de água fria
150 g de açúcar refinado
2 colheres de sopa de glicose líquida
200 g de chocolate amargo (com pelo menos 60% de cacau) quebrado em pedaços

1 Coloque o leite, a água, o açúcar e a glicose no fogo, mexendo até dissolver, e deixe ferver.
2 Retire do fogo e acrescente o chocolate, mexendo até ficar homogêneo.
3 Leve de volta ao fogo, deixe ferver novamente e então coe em uma peneira fina. Deixe esfriar até ficar morno e ainda líquido.
4 Coloque em uma máquina de sorvete elétrica e incorpore até ficar homogêneo, com textura firme porém macia. Cubra e armazene até o momento de usar. Ele pode ser servido em formato de quenelles (página 173).

Parfaits

MEUS PARFAITS SÃO COMBINAÇÕES DE UMA PÂTE À BOMBE TIPO MUSSE, UMA MISTURA DE MERENGUE E CREME BATIDO COM ESSÊNCIA. OS PARFAITS NÃO PRECISAM SER BATIDOS DURANTE O CONGELAMENTO, POIS A ALTA PORCENTAGEM DE MERENGUE SIGNIFICA QUE O AR JÁ FOI INCORPORADO, TORNANDO A TEXTURA MAIS HOMOGÊNEA. ISSO FAZ COM QUE SEJAM MAIS FÁCEIS DE MOLDAR, TANTO EM RAMEQUINS INDIVIDUAIS QUANTO EM UMA FÔRMA PARA BOLO INGLÊS – O QUE PERMITIRÁ QUE SEJA SERVIDO EM FATIAS. COMO ALTERNATIVA, UMA MISTURA DE PARFAIT CONGELADA PODE SER MODELADA EM FORMA DE QUENELLES, USANDO-SE, PARA ISSO, DUAS COLHERES DE SOBREMESA (PÁGINA 173).

Parfait de banana

NO RESTAURANTE, SIRVO ESTE PARFAIT COM CALDA DE CARAMELO E UMA DRÁGEA DE CHOCOLATE, WAFFERS E FATIAS DE BANANA MERGULHADAS EM CALDA QUENTE DE CARAMELO. PARA UMA APRESENTAÇÃO MAIS SIMPLES, FICA MUITO BOM SORBET DE CHOCOLATE AMARGO (PÁGINA 174), COM MORANGOS SECOS (PÁGINA 187), COM AS FRUTAS DA RECEITA FRUTAS DE VERÃO VITRIFICADAS COM ZABAIONE (PÁGINA 154) OU COM FATIAS DE TATIN DE PERAS (PÁGINA 148). USE BANANAS BEM MADURAS PARA INTENSIFICAR O SABOR.

INGREDIENTES

(para 10 a 12 porções)

1 receita de Pâte à Bombe (página 23)
½ receita de Merengue Francês (página 24)
300 ml de creme de leite
3 bananas bem maduras, amassadas em um purê grosso
2 colheres de sopa de licor de banana ou rum branco
1 receita de Sorbet de Chocolate Amargo (página 174)
alguns ramos de hortelã

1 Bata juntas as misturas de pâte à bombe e merengue francês. Elas devem estar em quantidades aproximadamente de igual volume.

2 Bata levemente o creme de leite até ficar com a mesma consistência da mistura de pâte à bombe e merengue francês; então junte as duas misturas, batendo.

3 Por último, acrescente o purê de banana e o licor de banana ou o rum, ainda batendo. Coloque em ramequins individuais, ou em uma fôrma de bolo inglês, ou em um recipiente maior que possa ir ao freezer. Congele até ficar firme.

4 Aproximadamente 30 minutos antes de servir, transfira do freezer para a geladeira.

5 Para desenformar os parfaits antes de servir, passa a ponta de uma faca pelas laterais da fôrma para soltar. Envolva a fôrma por alguns minutos em um pano embebido em água bem quente e torcido, e então vire-a sobre um prato de servir.

6 Sirva cada fatia com uma bola de Sorbet de Chocolate Amargo e decore com os ramos de hortelã.

Toques Finais

É aqui que podemos nos exibir sem mostrar prepotência. Estes toques sutis, que denotam cuidado e carinho, podem ser preparados com antecedência e depois armazenados em potes herméticos. Assim, estarão prontos em segundos para realçar o prato escolhido. Tanto podem ser alho-poró em tiras para decorar Tamboril Assado com Molho de Vinho Tinto (página 113) ou morangos secos para decorar Crème Brûlée com Ruibarbo Tostado (página 168) ou, talvez, uma musse ou um sorvete.

A técnica de secar fatias de frutas para usar como toque final tem ampla gama de aplicações. Eu realmente aprecio esse processo, uma vez que os resultados finais são decorações maravilhosas, dando um acabamento de tirar o fôlego a sobremesas simples. Um sem-número de frutas podem ser usadas – inclusive maçã, morango, manga e abacaxi – mas os princípios básicos são sempre os mesmos.

Alho-poró em tiras

UMA DE NOSSAS GUARNIÇÕES LEVES, QUE É FÁCIL DE FAZER EM GRANDE QUANTIDADE E PODE SER ARMAZENADA EM RECIPIENTE DE POLIETILENO HERMÉTICO. AS INSTRUÇÕES SÃO PARA UM ALHO-PORÓ GRANDE (QUE RENDE BASTANTE), MAS É POSSÍVEL AUMENTAR ESSA QUANTIDADE.

INGREDIENTES

1 alho-poró grande
óleo vegetal, para fritar

1 Corte as bases e as pontas do alho-poró, depois faça um corte no centro, sem separar as metades. Retire a parte interna do alho-poró (guarde-a para usar em outra receita), deixando 3 ou 4 camadas externas.

2 Corte as camadas do alho-poró em pedaços de 10 cm de comprimento e dobre cada pedaço em dois horizontalmente, isto é, no sentido contrário ao da dobra natural. Usando uma faca bem afiada, corte em tiras finas. Repita com os pedaços restantes.

3 Forre uma assadeira com papel-manteiga ou papel-alumínio e espalhe as tiras sobre ela. Asse no forno em temperatura mínima – aproximadamente 120°C. Se ficar quente demais, deixe a porta do forno entreaberta. Asse por 2 horas ou até que as tiras de alho-poró fiquem secas e crocantes, mas ainda com sua coloração verde.

4 Para servir, frite as tiras imersas em óleo quente, aquecido a cerca de 170°C, apenas por alguns segundos, para que fiquem crocantes e ganhem ainda mais cor. Escorra e sirva em montes delicados como decoração.

Fatias de berinjela cristalizadas

ESTAS FATIAS LEVEMENTE CARAMELIZADAS FICAM DELICIOSAS SERVIDAS COMO GUARNIÇÃO PARA PRATOS SABOROSOS COMO SALADA DE LAGOSTIM SAUTÉ (PÁGINA 54) E ALCATRA DE CORDEIRO À NIÇOISE (PÁGINA 135).

INGREDIENTES
(rende 16 fatias)

1 berinjela pequena, comprida e fina, de preferência com 5 cm de diâmetro
sal marinho, para o *dégorge*
açúcar refinado, para o *dégorge*
azeite de oliva para fritar

1 Corte 16 fatias finas da berinjela. Coloque as fatias em camadas sobre um escorredor, salpicando cada camada uniformemente com sal marinho e açúcar refinado em proporções iguais. Deixe assim, em processo de *dégorge*, por 15 minutos, para que todo o líquido amargo escorra, e as fatias fiquem moles.

2 Bata levemente as fatias em um pano limpo, para secá-las. Em uma frigideira grande, coloque azeite de oliva suficiente para dar profundidade de 1 cm. Aqueça o azeite a 170°C e frite as fatias até que fiquem crocantes mas não muito douradas. Escorra-as em papel-toalha.

Secando frutas

O IDEAL É QUE A TEMPERATURA DO FORNO ESTEJA EM 80°C. MUITOS FORNOS DOMÉSTICOS MODERNOS NÃO TÊM ESSA OPÇÃO DE TEMPERATURA TÃO BAIXA (A MENOS QUE SEJA UM DOS ANTIGOS QUE TÊM LUZ PILOTO PERMANENTE, OU UM DOS MUITO MODERNOS, COM OPÇÃO DE DESCONGELAR). SE O SEU FORNO NÃO TIVER, COLOQUE-O NA TEMPERATURA MAIS BAIXA, QUE GERALMENTE É 110°C, E DEIXE A PORTA ENTREABERTA. UM TERMÔMETRO DE FORNO PODE SER ÚTIL PARA VERIFICAR A TEMPERATURA. EMBORA AS MAÇÃS LEVEM APENAS DE 2 A 3 HORAS PARA SECAR, ALGUMAS FRUTAS, COMO OS MORANGOS, PODEM LEVAR ATÉ 18 HORAS, ENTÃO SEJA PACIENTE. AS FRUTAS DEVEM SER CORTADAS EM FATIAS BEM FINAS E DISPOSTAS, SEM TOCAR UMAS NAS OUTRAS, SOBRE ASSADEIRAS FORRADAS COM SILICONE ANTIADERENTE. INFELIZMENTE, PAPEL COMUM PARA FORNO NÃO SERVE PARA ESTA TÉCNICA, POIS PODERÁ FICAR ÚMIDO, FAZENDO A FRUTA GRUDAR. TODAS AS FRUTAS SECAS PODEM SER FEITAS COM ANTECEDÊNCIA EM GRANDES QUANTIDADES E ARMAZENADAS EM RECIPIENTES HERMÉTICOS.

Castelos de maçã

EM COZINHAS PROFISSIONAIS, ENCONTRAMOS UTILIDADE PARA TUDO – ATÉ PARA CASCAS DE MAÇÃ! ESTA RECEITA PODE FAZER VOCÊ LEMBRAR DA INFÂNCIA, QUANDO TENTAVA DESCASCAR UMA MAÇÃ DE UMA VEZ SÓ, COM A CASCA ENROLANDO EM UMA ESPIRAL CONTÍNUA, COM A DIFERENÇA DE QUE SECAMOS ESSA ESPIRAL E A ENROLAMOS EM UMA ESCULTURA ARTÍSTICA.

INGREDIENTES

3 ou 4 maçãs Granny Smith
150 ml de Caldo-xarope (página 23)
suco de ½ limão

1 Descasque as maçãs em uma espiral bem estreita, sem quebrar. Mergulhe em uma tigela cheia de caldo-xarope misturado com o suco de limão e coloque-a, com a pele para cima e em forma de um S, sobre uma assadeira forrada com silicone antiaderente. Ligue o forno na temperatura mais baixa possível (veja acima) e deixe as cascas secando por aproximadamente 2,5 horas.

2 Para dar forma, ajoelhe-se em frente ao forno, com uma grelha à sua frente. Pegue uma espiral de casca seca e enrole em uma forma tridimensional, como uma escultura. Elas logo vão começar a endurecer e a ficar crocantes, então você tem que trabalhar bem rápido. Pode levar um certo tempo para aperfeiçoar o processo de enrolar, então seja perseverante. Armazene em um recipiente hermético grande.

Tuiles de maçã

SERVIMOS COMO DECORAÇÃO PARA SOBREMESAS E COMO ACOMPANHAMENTO PARA SORBETS E SORVETES, MAS TAMBÉM SÃO UM GOSTOSO PETISCO DOCE. APENAS DUAS MAÇÃS RENDEM MUITAS FATIAS. AJUDA TER UM INSTRUMENTO PRÓPRIO PARA FATIAR.

INGREDIENTES

2 maçãs Granny Smith
150 ml de Caldo-xarope (página 23)
suco coado de ½ limão

1 Corte com cuidado os centros das maçãs, bem no meio. Coloque o caldo-xarope em uma tigela e misture com o suco de limão.
2 Corte as maçãs em fatias regulares de aproximadamente 1 mm de espessura.
3 Mergulhe as fatias no xarope apenas para cobri-las; então arrume-as em uma única camada em uma assadeira forrada com silicone antiaderente.
4 Deixe secar no forno na temperatura mais baixa possível (veja a página 183) por pelo menos 2 horas, depois retire as fatias aos poucos e coloque-as sobre um rolo para massa, para curvá-las. Se tirar todas de uma só vez, elas endurecerão antes que você consiga moldá-las. Como alternativa, se tiver uma fôrma para baguete francesa, curve as fatias dentro dos tubos. Entretanto, se achar esse processo difícil, lembre-se de que as fatias também podem ser atraentes se servidas retas.

Morangos secos

SE OUTRAS FRUTAS PODEM SER SECAS, POR QUE NÃO OS MORANGOS? DEPOIS DE ALGUMAS HORAS FAZENDO EXPERIÊNCIAS, INVENTEI UMA MANEIRA DE PRESERVAR AS FRUTAS MAIS ADORADAS DO VERÃO. SUA ELEGÂNCIA FINA, COMO UMA CASQUINHA DE WAFER, FAZ DESTES MORANGOS SECOS UMA DECORAÇÃO IDEAL E DELICADA PARA BRÛLÉES E SORVETES.

INGREDIENTES

morangos grandes de formas bem definidas, sem os centros

1 Corte os morangos em fatias finas no sentido do comprimento. Descarte as fatias laterais e coloque as fatias grandes centrais em assadeiras forradas com silicone antiaderente. Certifique-se de que as fatias não encostem umas nas outras.
2 Seque no forno, na temperatura mais baixa possível (veja a página 183), por 14 a 18 horas, até as fatias estarem crocantes e secas. Teste uma, quebrando-a ao meio. A cor vai ficar mais atenuada, mas a bela translucidez compensa.

Cascas de laranja cristalizadas

ESTA RECEITA SERVE COMO UMA VERSÁTIL GUARNIÇÃO TANTO PARA PRATOS DOCES COMO PARA SALGADOS, E É UM EXCELENTE APROVEITAMENTO PARA AS CASCAS DE LARANJA QUE SERIAM JOGADAS NO LIXO.

INGREDIENTES

2 a 3 laranjas
150 ml de Caldo-xarope (página 23)

1 Descasque as laranjas com cuidado para não deixar parte do sumo amargo na casca, e corte as cascas em finas fatias, à julienne.
2 Branqueie a casca em água fervente por 1 minuto, escorra e refresque sob água fria. Bata levemente em papel-toalha, para secar.
3 Coloque o caldo-xarope em uma caçarola e deixe ferver. Acrescente as cascas e deixe ferver em fogo brando por aproximadamente 10 minutos.
4 Com uma escumadeira, retire as cascas do caldo-xarope e espalhe as tiras em uma assadeira forrada com silicone antiaderente. Coloque a assadeira na parte baixa do forno, ou em uma prateleira de secagem, por 45 a 50 minutos, para secar.

Glossário

Agridoce Um molho que combina sabores doces e azedos.

Amuse-gueule Literalmente, uma diversão para a boca. Um canapé para ser comido de uma vez só no início de uma refeição, para atiçar o paladar; antepasto.

Beignet Uma fritura doce ou salgada.

Brandade Um prato de peixe desfiado misturado com outros ingredientes, geralmente incluindo batatas.

Branquear Mergulhar alimentos frescos brevemente em água fervente para deixar a parte externa mais macia enquanto o centro continua crocante. Alimentos branqueados são frequentemente "refrescados" em seguida em água fria. (Veja "refrescar".)

Caramelizar Aquecer ou cozinhar um alimento até que comece a adquirir um tom dourado sedutor e um sabor levemente esfumaçado.

Cassonade Um creme de ovos com cobertura de açúcar queimado. Do termo francês *cassant*, que significa "quebradiço".

Clarificar Retirar os depósitos de sólidos dos líquidos, coando com um pano. Processo usado, por exemplo, para manteiga derretida.

Concassé Alimentos picados de maneira uniforme. Ex.: Concassé de Tomate (página 97).

Confit Literalmente, "conserva". O alimento é cozido bem levemente em gordura ou óleo e depois armazenado na mesma gordura ou óleo.

Court-bouillon Líquido com sabor ou aroma para cozinhar peixes, frutos do mar ou legumes.

Crépinette Porção de carne moída envolta em tripa e frita.

Deglaçar Diluir os resíduos da panela produzidos pela fritura de carnes e legumes, usando água, caldo, vinagre ou vinho.

Dégorge Processo que estimula a liberação dos líquidos amargos de alimentos como berinjela, pepinos, abobrinhas e tomates, após serem salpicados com sal e açúcar. Com o *dégorge*, os alimentos ficam macios para fritar.

Infusão Processo de impregnar ervas, condimentos ou outras essências em líquido quente para que eles compartilhem suas delicadas fragrâncias.

Julienne Modo de cortar alimentos, geralmente vegetais, em fatias bem finas. (O nome homenageia um chef francês do século XVIII, Jean Julienne).

Mil-folhas Nome normalmente associado a sobremesas feitas com massa folhada, hoje é muito usado para descrever alimentos que se apresentam dispostos em camadas finas.

Musselina Tecido de algodão muito fino, usado para embalar alimentos ou forrar escorredores e peneiras para filtrar líquidos até ficarem bem limpos. Pode ser encomendado em empresas de produtos culinários. Panos de prato velhos e limpos, ou tecidos descartáveis de cozinha são alternativas viáveis.

Nage Do verbo francês nager, que significa "nadar". Um caldo leve e claro ou court-bouillon feito com peixe ou legumes. No Aubergine, preparamos legumes à la nage todos os dias, e os usamos em combinação com caldos de carne e peixe para deixá-los mais leves sem diluir o sabor. É um caldo versátil, e muito simples de preparar.

Papel antiaderente Material forrado com silicone, que pode ir ao forno; usado para evitar que alimentos e misturas grudem durante o tempo em que ficam no forno. Vendidos com diferentes nomes comerciais, são reutilizáveis e duráveis, e ótimos para fazer frutas secas caseiras, assim como merengues e tuiles.

Pavé Literalmente, uma chapa, termo usado para descrever alimentos cortados em formato bem reto, geralmente quadrado ou retângulo (ex.: peixe ou bolo de chocolate).

Quenelle Alimento moldado em formato oval, usando 2 colheres. Moldamos sorvetes, creme batido e até arroz-doce em quenelles decorativas para fazer excelentes guarnições.

Reduzir Ferver um líquido em panela descoberta. À medida que o líquido evapora, o sabor se torna mais concentrado.

Refrescar Mergulhar legumes que acabaram de ser fervidos em água bem gelada por 1 a 2 minutos para interromper o cozimento e preservar a cor, o sabor e a textura. Depois de escorridos, os legumes são mantidos resfriados e cobertos, prontos para serem aquecidos novamente e servidos.

Saltear Fritar alimentos rapidamente em pequena quantidade de óleo quente (para que fique *sauté*). Do verbo francês *sauter*, que significa "pular", que é o que parece que o alimento faz quando a frigideira é agitada.

Suar Fritar alimentos, geralmente legumes, bem levemente em panela coberta, usando apenas uma pequena quantidade de óleo, de modo que as gotas da evaporação caiam de volta sobre o alimento para regá-lo e umedecê-lo durante o processo de cozimento.

Tian Um molde de vegetais frescos picados finos.

Tostar Cozinhar alimentos expostos a fogo aberto ou no forno. Na cozinha do restaurante, o termo também é usado para descrever o cozimento em frigideira quente com pouco óleo, começando na chama do fogão e algumas vezes terminando no forno quente.

Tripa A fina membrana que cobre o estômago do porco, usada em *charcuterie*, no preparo de linguiças e similares. Usada para envolver, deixa os ingredientes úmidos e aglutinados, e deixa um delicado padrão rendado, quando cozida.
As tripas podem ser encomendadas com antecedência em açougues especializados e devem ser colocadas de molho antes do uso.

Índice de Receitas

Agradecimentos

Um livro desta natureza não "acontece" simplesmente em algumas semanas. É um trabalho que envolve muitas pessoas diferentes, por muitos meses. Gostaria de expressar, aqui, minha gratidão a essas pessoas.

Primeiramente, gostaria de agradecer à minha co-autora, Roz Denny (também conhecida como Rose), que ficou de plantão quase 24 horas por dia. Rimos muito juntos. As minhas agentes Fiona Lindsay e Linda Shanks, que, juntamente com a diretora editorial Suzannah Gough e as editoras Charlotte Coleman-Smith e Kate Bell, fizeram o livro decolar. A Geoff Lung, que veio da Austrália especialmente para interpretar meu estilo de cozinhar da melhor maneira possível e criou imagens que me deixaram sem fôlego.

Um bom chef confia em uma equipe forte. Eu tenho uma brigada dedicada na cozinha e uma equipe de atendimento que ajudaram a tornar o Aubergine o sucesso que ele é hoje. Minha equipe de chefs me deixa completamente maravilhado. Marcus Waring e Mark Askew foram meus sous-chefs durante todo o período, não apenas dando conselhos a respeito do livro, mas também ajudando a comandar a cozinha enquanto eu lidava com as perguntas de Roz. Outros chefs são Freddie Foster, chef de partie, cujo entusiasmo é contagiante; meu chef pâtissier Damien Allsop, que exibe habilidade admirável e inspiradora; Angela Hartnell por e sua eficiência calma; e Ian Mappin com seu valioso apoio. Além disso, o Aubergine não existiria se não fosse pelo incansável apoio de meus sócios (e bons amigos) Claudio Pulze, Guliano Lotto, Franco Zanellato, Lee Collier e Martin Pope.

Meus fornecedores também foram mais do que generosos, colaborando com seu trabalho e seus produtos para as fotografias: Nick Greene, do Villeroy and Boch, forneceu uma seleção perfeita de louças e travessas maravilhosas; Tony Allen, Mark Allen e Ronnie Truss, do Cutty Catering, Steven Bird, do Cove Shellfish, Bournemouth, e Steve Downey, da Heritage Fine Foods, todos me trouxeram peixes extraordinariamente frescos e foie gras da melhor qualidade; Toby Baxendale, da Billfields, forneceu carne em seu estado mais primoroso; Christian, Blair e Paul Cockerton, do Hyams and Cockerton, Battersea, forneceram maravilhosas frutas e legumes frescos; Mike de Strumello, do Wild Harvest, forneceu fantásticos funghi; e Richard Fordham instalou fogões Bonnet em minha cozinha.

Finalmente, a Tana, simplesmente: obrigado.

Paixão pelo Sabor
foi impresso em São Paulo/SP pela Intergraf e acabamento pela Aquarius
para a Larousse do Brasil em janeiro de 2009.

LEGU

Bat